U0154032

本書經政大出版社思源人文社會科學博士
論文獎評選委員會審查獲「第四屆思源
人文社會科學博士論文獎社會學門首獎」

制度變遷
社會資本
政治參與
三者之間的關係

張芳華 | 著

政大出版社
Chengchi University Press

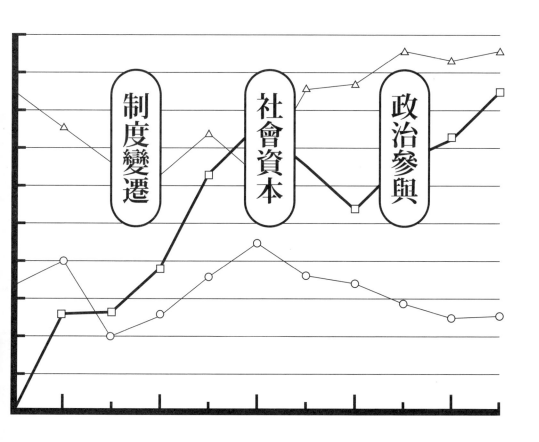

制度變遷

社會資本

政治參與

國家圖書館出版品預行編目(CIP)資料

制度變遷、社會資本、政治參與:三者之間的關係 / 張
芳華著. -- 初版. -- 臺北市:政大出版社出版:政大發行,
2016.07
　面; 公分
ISBN 978-986-6475-88-7(平裝)

1.臺灣政治 2.政治社會學 3.政治參與

573.07　　　　　　　　　　　　　105012747

The Relationships among Institutional Change,
Social Capital, and Political Participation

制度變遷、社會資本、政治參與——
三者之間的關係

著　　者｜張芳華 Fang-Hua Jhang

發 行 人　周行一
發 行 所　國立政治大學
出 版 者　政大出版社
執行編輯　朱星芸
地　　址　11605臺北市文山區指南路二段64號
電　　話　886-2-29393091#80626
傳　　真　886-2-29387546
網　　址　http://nccupress.nccu.edu.tw

經　　銷　元照出版公司
地　　址　10047臺北市中正區館前路18號5樓
網　　址　http://www.angle.com.tw
電　　話　886-2-23756688
傳　　真　886-2-23318496
郵撥帳號　19246890
戶　　名　元照出版有限公司

法律顧問　黃旭田律師
電　　話　886-2-23913808

封面設計　萬亞雰
排　　版　弘道實業有限公司
印　　製　祥新印刷股份有限公司
初版一刷　2016年7月
定　　價　260元
ISBN　9789866475887
GPN　1010501135

政府出版品展售處
• 國家書店松江門市:104臺北市松江路209號1樓
　電話:886-2-25180207
• 五南文化廣場臺中總店:400臺中市中山路6號
　電話:886-4-22260330

目　次

圖目次

表目次

序

　　筆者畢業於政治大學國家發展研究所，此所的訓練強調跨領域的學習，在博班求學期間，可以接觸到許許多多關於社會資本、政治制度和教育制度等研究議題，深知制度規範對於人們認知和行為有著深遠影響力，而社會資本對人類行為的影響亦不遑多讓。因此，筆者所發表的期刊論文，多著重在這些議題上，目前發表過四篇 TSSCI 論文，多篇科技部 B 級期刊論文。然而，在這些發表的研究中，制度規範和社會資本間的關係始終未被探討，因此，筆者便希望透過研究，以了解兩者間的關係。在文獻蒐集中，理解到國外早有一些研究對於兩者間關係進行探討，但對於制度規範、社會資本和政治參與間關係的研究，則仍是欠缺的。當政治參與是民主政治發展的核心概念時，探討政治參加影響因素，不僅可補充理論不足之處，亦可解決實務上的困境。

　　2016 年 1 月 16 日的總統暨立法委員選舉，台灣不僅產生了第一個民選女總統，民主進步黨也首次成為國會的第一大黨。不過，總統和立法委員的投票率卻是創下歷年的新低，分別僅有 66.27% 和 66.58%。從歷史的脈絡來看，投票率的下降，並非是現今才有，而是自民主化以來便產生的趨勢。就民主政治的角度來看，投票或其他的政治參與行為的下降是一種警訊，因為當愈來愈多公民不想參與政治時，這些公民的聲音難以被政府所聽見，對特定政策的偏好難以被得知，自身的意見與利益亦難以被保障。而政府欠缺多數公民的政治支持時，更難以實施政治改革。中國現階段無法民主化，中介因素之一便是公民政治意識薄弱，無法提供改革派菁英所需要的社會與政治支持。相較之下，台灣民主轉型之所以成功，不僅是執政菁英主動變革而已，公民主動參與政治亦是關鍵要素。前總統李登輝便是運用野百合運動對政治改革的訴求，召開了國是會議，進而舉行國會全面改選的改革。

　　為改善政治參與下滑情況，實有必要對其影響因素進行探究。在過去政治參與研究上，解釋政治參與有四個主要論點，分別是：個體資源論、政治態度論、社會資本論、制度規範論。在四種論點中，社會資本論最能解釋政治參與行為。目前國內對投票或競選活動的研究，則多著重在前兩種論點的探討，較少聚焦在社會資本的效用。值得注意的是，社會資本並非只有一種面向而已，結合式社會資本、橋接式社會資本和聯繫式社會資本皆可能影響政治參與，但目前少有研究探討這樣的議題。此外，本書認為偏向靜態的制度規範論並無法解釋民眾的政治參與行為，因為在 1987 年解嚴之後，集會、結社、遊行已受制度保障，但既有文獻卻顯示在 1990-2005 年期間，民眾參與政治團體的比例逐漸下降，含有政治參與要素的工具性社團，於 1990 年後，在參與數量上更是顯著下降。因此，從偏向動態制度變化的制度變遷論點應可用來說明民眾的社會和政治參與行為。在制度變遷上，本書依過去文獻所述，主要探討非正式政治制度和正式社福制度的作用。

　　在理論上，本書統整了制度變遷和社會資本的論點，在分析方法上，則採用了多層次分析方法。由於社會資本與政治參與同時受到個人特徵和外在制度脈絡的左右，筆者認為與其只分析社會資本對政治參與的作用，不如將社會資本視為中介變項，將制度視為自變項納入分析中，並觀察制度變項在民主鞏固時期（2000 年）前後的作用，如此不僅可理解在不同時期社會資本的產生因素與影響結果，也可以了解各縣市制度認知氛圍與社福資源對政治參與的直接影響力與間接影響力。

　　全書共分為六個章節，第一章是緒論，第二章是理論探討和相關研究，第三章是研究設計和方法，第四章是社會資本的分布與其影響因素，第五章是政治參與的影響因素，第六章為總結和建議。最後，希望透過本書研究，除了喚起更多學者關注社會與政治參與下滑的情形，並透過研究以了解影響民眾社會資本和政治參與的因素外，亦能使中央政府了解增強施政的效能和調整社福資源的分配，能夠改變民眾的社團參與和政治參與行為。

張芳華

2016 年 5 月 15 日

序於家中

第一章
緒論

　　自 1987 年立法院取消戒嚴令後，台灣的政治開始朝向自由化與民主化方向發展，[1] 直至 1996 年完成總統直選，更確定台灣正邁向民主鞏固的階段（李西潭　2006）。民主轉型的成功，關鍵因素之一便在於執政菁英的主動變革。學者多注意到在民主化過程中，李登輝適時運用公民參與的力量，來獲得統治上的支持（王振寰　1996, 85；李西潭 2007；吳介民與李丁讚　2008），以推動民主的改革，如：運用野百合運動對政治改革的訴求，召開了國是會議，進而舉行國會全面改選；透過公民直選總統，獲得統治正當性，以持續進行自由民主的改革。不可否認地，執政菁英主導了民主轉型的過程，但若缺乏公民政治上的參與和支持，改革派的菁英欲發展民主是不可能如此平順的，勢必遭遇保守派精英的反抗。中國現階段無法民主化，中介因素之一便是公民政治意識薄弱，無法提供改革派菁英所需的社會與政治支持 (He and Feng 2008)。因此，探討民主鞏固之前的公民政治參與仍有其重要性。近年來，引起學者關心的議題亦與政治參與有關，如研究欲透過網路投票或改善交通等方式提升逐漸下滑的投票率（小笠原欣幸　2012；李仲彬等 2008）；本書則將聚焦在制度變遷與社會資本的影響上，而這樣的研究議題也是過去學者較少探討的。

1　自由化意指公民權利的擴張，民主化即為全面開放參政管道，包含完全開放的競逐性選舉（周陽山　1988, 80-81）。因此，林佳龍（1999, 117-119）認為蔣經國的改革屬於政治的自由化，1990 年後李登輝的執政才屬於政治民主化時期。

　　究竟影響政治參與的因素有哪些？ Klesner(2009) 歸納為出四個論點，即：個體資源論、政治態度論、社會資本論、制度規範論，並以實證方式檢驗前三個論點的解釋力，結果顯示非政治性社團參與能顯著影響各類政治參與行為。和其他論點相較，社會資本論最能解釋政治參與行為。多數文獻也已證實 Tocqueville 的自願性社團參與對政治參與的影響（Guillen et al. 2011; Ikeda and Richey 2005; Klesner 2007; 2009; Lee 2008; Lorenzini and Giugni 2012; Putnam 1995; 吳乃德　2004；林聰吉與楊湘齡　2008；楊孟麗　2003）。不過，社會資本並非只有一種類型或面向，僅強調橋接性社會資本的重要性，將忽略另兩類社會資本的作用。[2] Alesina 與 Giuliano(2011) 跨國研究即發現屬於結合式社會資本力量愈強，參與非傳統性政治行動愈少。[3] 當親友贊同個人投票行為時，個人傾向投票可能性較高 (Abrams, Iversen and Soskice 2011)。投票在國民黨透過經濟特權以獲得地方派系政治支持的恩威侍從邏輯中（王金壽　2006），派系結構中最底層的村里長是影響民眾選舉動員的基層幹部（王金壽　2004），這暗指著民眾與村里長的關係愈密切，聯繫式社會資本愈多，動員式政治參與可能性較高。此外，僅強調社會資本的類型，亦將忽略社會資本即資源的觀點，因社團內部資源異質性是解釋

---

[2]　Rostila(2011, 312-313) 指出依 Putnam 所言的社會資本，可分為三種類型。結合式社會資本 (bonding social capital) 意指較為同質性的團體關係，成員間認為彼此較為相似，如：親戚、朋友、鄰居；橋接式社會資本 (bridging social capital) 代表較為異質性團體關係，團體內成員知悉彼此在社經地位或其他特徵上有所不同，社團參與可被歸為此一類型；聯繫式社會資本 (linking social capital) 也屬於橋接式社會資本的類型，差異在於此類型社會資本可連繫制度性的權威代言者，彼此雙方在權力上有明顯差異與不對等關係。社會資本也可分成認知與結構面向，前者代表對人際互動關係的主觀感受，包含：社會信任、互惠規範、凝聚力等；後者意指關於人際互動的客觀行為，包含：網絡連結、社團參與等 (Desilva et al. 2007; Harpham et al. 2004)。但依國內研究結果顯示，認知面向社會資本對於政治參與無顯著影響（林聰吉與楊湘齡　2008），故本書將聚焦在結構面向上，即探討互動行為的作用。

[3]　非傳統性政治行為通常意指選舉以外的政治活動。

政治參與指標的重要變因 (Son and Lin 2008)。由於政治參與包含許多面向，本書將主要探討投票與競選活動此類傳統性的政治參與行為。

蕭全政（2004）以內政部的資料進行佐證，認為在解嚴之後，由於集會、結社、遊行已受法律保障，故民眾參與政治組織與社會團體數量也隨之增加。熊瑞梅等（2010）使用台灣社會變遷調查資料的研究卻顯示，在 1990-2005 年期間，民眾參與政治團體的比例逐漸下降，含有政治參與要素的工具性社團，在參與數量上則於 1990 年後顯著下降。不一致的研究結果除了反映內政部資料中人頭會員問題與無法呈現民眾實際參與社團行為外，也顯示制度保障僅是促成公民政治參與的必要條件，卻非充分條件。若制度保障是充分條件，則在保障參與自由的規範前提下，台灣 2006-2012 年的民主評比就不會因為政治參與分數較低，而被評為有缺失的民主。[4] 即使既有研究指出制度規範論為影響政治參與的重要論點 (Klesner 2009)，但筆者認為偏向靜態的制度規範觀點無法解釋台灣民眾政治參與情形，且國內對制度變遷與政治參與間關係的研究尚屬不足，故將從制度的實際變化進行分析。

針對制度對社會資本影響的研究，一方面可區分成非正式制度和正式制度的作用，另一方面又可區分為政治因素和社福因素的影響。因此就邏輯上，可構成四種理論類型。[5] 然而，依據現有文獻，本書將聚焦在非正式的政治制度和正式的社福制度作用上。前者是從非正式制度出發，代表著集體意識的形塑 (Szreter 2002)，後者則從社福制度出發，其影響機制可分為資源挹注或資源取代說 (Gellisen et al. 2012; Kumlin and

---

4　經濟學人智庫 (Economist Intelligence Unit) 自 2007 年對世界 165 個國家進行民主評比，其民主指標由 5 大項所構成，其中的政治參與由 9 個問卷題目所構成。台灣 2006-2012 年的政治參與分數與政治文化分數相似，約為 5.5 至 6.1 分左右，遠低於選舉過程、政府功能與公民自由的分數，7 年來民主指標分數約為 7.5 分，可參閱 http://knoema.com/bhpllke。

5　四種分類為：非正式政治制度、非正式社福制度、正式政治制度、正式社福制度。至於非正式社福制度和正式政治制度對社會資本的影響，則非本書所欲探討重點。

Rothstein 2005; Oorschot, Arts and Halman 2005)，這些論述補充了對社會資本生成的概念。不過，相較於後者論點，集體意識形塑說仍欠缺實證上的支持。此外，集體意識並非一成不變，在華人社會長久受到傳統儒家文化的影響下，當儒家文化在面對現代化衝擊時，壓制自我的集體價值觀亦受到影響（楊國樞　1992）。因此，儒家文化價值觀的轉變或許改變了非正式的政治制度對社會資本的作用。

在台灣，《社會救助法》雖於 1980 年頒行，目的為協助低收入戶者與遭受急難的民眾，實際調查卻發現在資源供給上，各縣市有明顯差距，社福資源多分布在西部，而南投縣、台南市、宜蘭縣、花蓮縣以及台東縣資源供給則較少（詹火生等　2004, 153-154）。若資源挹注或資源取代說為真，這暗示著民眾不同類型的社會資本是受到各縣市社福資源供給差異的影響。除了空間上的差異外，不同時期個人社會資本的含量又可能因不同時期的社福資源變化而所差異，而這樣的差異原因，或許是社福制度改變所導致。

由於個人的社會資本與政治參與是以個體為分析單位，而制度認知和社福資源則以縣市為分析單位，因屬不同的資料型態，為避免區位謬誤與個體謬誤，[6] 將採取多層次分析方法。與其只分析社會資本對政治參與的作用，不如將社會資本視為中介變項，將制度視為自變項納入分析中，並觀察制度變項在不同時期的作用，如此不僅可理解在不同時期社會資本的產生因素與影響結果，也可以了解各縣市制度認知氛圍與社福資源對政治參與的直接影響力與間接影響力。換言之，本書主張社會資本與政治參與同時受到個人特徵與外在制度運作所左右。

有鑑於研究顯示相較於 1990-2007 年民眾參與社團平均數，2000年以後民眾社團參與數顯著較低（熊瑞梅等　2010），調查資料亦呈

6　區位謬誤 (ecological fallacy) 在此意指以縣市為單位的分析結果去推論個體的社會資本與政治參與；個體謬誤 (individualistic fallacy) 則是以個體當做分析單位，去推論縣市平均的社會資本與政治參與情形。

現 2000 年以前的投票率多數高於 2000 年後（政治大學選舉研究中心　2013），故以 2000 年做為區分的時間點，此時間點是政黨輪替的時間點，亦為達到雙翻轉測驗 (two-turnover test) 標準的民主鞏固時間點。雖然 1990 年後已屬民主化時期，但考量刑法第一百條是自 1992 年才被廢除，此時言論自由權才算真正被保障，故分析的資料以 1992 年以後為主，因為在未有言論自由保障下，民眾會有政治上的恐懼，在回答政治性議題時，可能會選擇不答而有較多的遺失值，或者選擇回答符合社會期許的答案，而產生高估效果 (Steinhardt 2012)。分析民主鞏固時期政治參與的資料則以 2005 年為主，因為與 1993 年調查主題相同。

　　針對上述問題的討論與分析，全書分為六個章節，第二章為理論探討和相關研究，前兩節針對社會資本的概念與現狀進行說明，包含社會資本的定義與內涵、三種類型社會資本對政治參與的作用、民主鞏固前後時期各類型社會資本的變化；第三節論述制度變遷概念，包括制度變遷定義、制度變遷對社會資本的影響與制度變遷對政治參與的影響；後兩節說明政治參與的概念、情形與國內政治參與因素的研究。第三章為研究設計和方法，包含：概念架構、資料蒐集、多層次分析法、假設內容與分析變項。第四章為社會資本的分布與其影響因素，主要探討三種類型社會資本的分布與社團內資源異質性的分布，也分析不同時期總體層次與個體層次因素對各類型社會資本的影響。第五章為政治參與的影響因素，先在統計模型中了解制度變項對政治參與的影響，再加入各類型社會資本與社團內資源異質性，以分別了解在不同時期中，制度變項與社會資本對政治參與的作用，進而觀察制度在民主鞏固時期對社會資本與依變項的增強或減弱作用。第六章為總結和建議，歸納本書發現，並提出未來的研究方向。

第二章
理論探討和相關研究

Chapter 2

第一節　社會資本的內涵與定義

一、社會資本的內涵

　　在探討社會資本概念前，有必要先了解社會資本究竟是否為一種資本？ Arrow(2000, 3) 將社會資本和實體資本相對照，認為資本應符合時間展延性，促使未來獲利性與可轉讓性三種特質，由於社會信任關係不如實體資本常被使用，社會關係本質非為經濟上的獲利，人脈難以轉讓，故認為應放棄社會資本中的資本一詞。針對此種資本定義，Poder(2011) 認為人力資本亦不符合可轉讓性的標準，卻也被認為是資本，故社會資本如人力資本般，是另一種形式的資本。本書亦指出時間展延性是實體資本與非實體資本間差異所在，社會關係平時不使用並不代表在時間上不存在，故不能做為評判標準。至於經濟上的獲利，社會資本本質雖非為經濟上獲利，但仍符合有價值資源投入與預期回收的資本組成概念（林南　2007）。代表預期回收並不一定要限定在經濟上的回收，政治權力、社會地位、有價資訊的回收，甚至於情感上的回報仍屬於預期回收的內容。故社會資本和其他資本相同，只是社會資本的投資在於先建立社會關係（林南　2007）。

　　既然社會資本內涵涉及社會關係，社會資本與社會關係概念相近，是否可用社會關係來取代社會資本？在傳統中國社會中，關係多意指兩人間的互動關係，而難以應用在較廣的社會組織或團體中，儒家文化中君臣、父子、兄弟、夫婦與朋友的五倫關係便是兩人關係的例證，即使關係中包含著義務與信任，但兩人間的義務與信任仍難以應用在社區、組織或團體中，意即和中國傳統社會關係著重兩人關係相較，社會資本不僅是個人特質，亦包含組織特徵 (Huang and Wang 2011)，故以社會資本做為分析概念。

　　對於社會資本的研究在 1981 年之前只有 20 篇文章，但在 Putnam(1993, 167-177) 發表社會資本概念，提出北方區域因有公民水平參與網絡與互惠規範，社會資本多於南方區域，故北方區域政府表現較南方區域政府有效率後。對於社會資本的研究便開始快速成長（江明修與陳欽春　2004, 178-179）。無疑地，現今社會資本的定義仍主要受 Bourdieu(1986, 248)、Coleman(1988, 98) 與 Putnam(1993, 167) 三人的影響，三人論點又分別受 Marx 的資本論 [1]、理性選擇論 [2] 與 Tocqueville 民主論 [3] 所啟發，由於三人對於社會資本的定義與關注焦點有所不同，故對於後續社會學、教育社會學與政治社會學的影響亦不同，但由這三

---

[1]　林南（2007）指出資本的論點來自受 Karl Marx，在完全競爭市場中，原本產品價格＝勞動者的生產價值＝工資，但因資本家與勞動者關係是不平等的，資本家只給予勞動者最低工資，並以較高的價格賣出，使產品價格＝生產價值＋剩餘價值。從產品價格與生產價值的差額中，資本家剝削了勞動者的剩餘價值，並從剩餘價值中進行投資再生產的行為，故馬克思的資本論是透過社會關係產生的理論，而 Bourdieu 社會資本的論點也具有資本投資與再生產特性。此外，Bourdieu 的文化資本論也隱涵馬克思的階級論點。

[2]　在 Coleman(1988, 98) 的論述中可發現該理論源於理性選擇理論，認為每個人都擁有特定資源，並對其他特定資源有興趣，而社會資本便是其中一種資源。Marsden(2005, 12-13) 更指出 Coleman 在 30 年的社會學寫作中，是理性選擇論的支持者。以信任而言，在不確定情況下，信任的擴展是因預期的獲利較大的緣故，雖然個人礙於不完全資訊，難以評估是否對方是可信賴的，但因有社會結構與中介組織存在，基於理性，信任仍可能擴展。

[3]　Putnam(1993, 11) 在解釋制度差異的三種論點中，提及 Tocqueville 所言的公民結社作用。對美國社會參和政治參與下滑研究中，Putnam(1995, 65-66) 仍引用 Tocqueville 的論述，可見深受其《民主在美國》(Alexis de Tocqueville, *Democracy in America*, ed. J. P. Mayer, trans. George Lawrence. New York: Anchor, 1969) 一書所影響。

人的論述中，可了解社會資本生成自人際互動中，此點是多數學者的共識。不論是從互惠規範、訊息流通或是資源接觸的角度來看，關係網絡皆會影響個人的行為。

　　之所以不從 Coleman 社會資本論的觀點進行分析，一方面，Coleman 社會資本論定義並不明確，Coleman(1988, 98) 認為社會資本是存在於關係結構中的資源，是由其功能來界定，社會資本可說是「由某些社會結構面向所構成，用以促成行為者的某種行動」。但究竟社會資本是何種組織特徵與何種資源所構成，Coleman 並未清楚解釋，在定義上不如 Bourdieu 和 Putnam 的明確。二方面，Coleman 的社會資本論點主要是分析社會資本對人力資本生成的影響，較少應用在政治行為上。Coleman(1988) 研究指出若親子關係疏遠或是家長不參與子女學習活動，即使家長擁有高教育程度，也無法使子女得益。由於關注在人力資本議題上，其論點被後續學者廣泛應用在教育研究上（周新富　2006）。此外，Coleman 和 Bourdieu 皆認為社會資本屬個人資源，非集體資產，和 Putnam 的觀點不同 (Rostila 2011, 308)，故可只用 Bourdieu 的論點來代表個人取向的研究途徑。基此論述，本書將比較 Bourdieu 與 Putnam 對社會資本的定義與內容，進而定義社會資本。

二、社會資本的定義

　　Bourdieu(1986, 248) 認為社會資本即：「鑲嵌在相互熟識、認同的制度化穩定關係網絡中，為真實或潛在資源的總合」，關係可來自社會制度，如：家庭與宗族，也可藉由象徵性或物質性的資源交換而產生，是個人有目的性的投資策略產物。個人可藉著參與團體，進行交換而獲利。每個人的社會資本量是不同的，社會資本的量除了可動員的網絡數量，透過社會關係的聯繫，個人亦可接觸其他關係者的社會資源 (Portes 1998)。不同於 Bourdieu，Putnam(1993, 167) 則認為社會資本是：「社會組織的特徵，例如：信任、規範和網路，它們能夠通過推動雙方協調的行動來提高社會的效率」。Putnam 並指出社會組織中的互動關係可分為水平網絡與垂直網絡關係,水平網絡關係可提昇互惠規範、人際信任與未來雙方合作的機會,垂直網絡關係因垂直交換與不對等的義務關係,故難有水平網絡關係的作用。水平網絡關係又可分為較同質的家庭、宗族關係與較異質的團體成員關係,同質水平網絡可維持合作,異質水平網絡則可跨越社會群體,擴大合作關係。而社會資本的量是可積累的,具有用進廢退特色,不僅是可用以達成個人獲利的私人資源,亦是公共財貨。

　　比較兩人對社會資本定義與內容後(見表1),可發現社會資本具有兩種不同的意涵,理論上也皆有所依據。然而,因為研究取向不同,造成了社會資本定義上的混淆 (Poder 2011)。若僅從個人取向出發將忽略社會結構的影響,以 Bourdieu 社會資本論來看,藉資源交換來建立社會關係的觀點便無法有效解釋為何理性的個人在達到個人目的後,仍留在團體中。假定在群體資源量固定下,個人可以預期,理性自利的其他成員也會利用自己資源,在達到個人目的後離開團體。為避免自身資源受他人利用,增加自身成本,立刻離開團體應是最好的選擇。當然,若每個人皆如此自利,可預期地,將不會有人加入團體 (Scott 2000, 132-133)。當個人取向的社會資本論強調社會資本是用以達成個人目的時,或許將不會有自願性團體產生。王中天(2003)便指出從個人理性自利的論點,難以解釋責任規避與搭便車 (free-riding) 問題。較合理的解釋是長期穩定的關係中存有義務期待、互惠規範等組織特質,對理性自利個人施加了非正式性的控制力,使個人了解自己獲利並非最佳抉擇,雙贏才是最佳策略。

　　然而,集體取向社會資本亦有三種問題,一是社會資本如何從個人資源轉變成群體資源。二是集體取向的社會資本常成為正面功能的同義詞,三是社會資本的來源與效果無法清楚區分 (Portes 2000)。在第一個問題上,Son 與 Lin(2008) 針對資源如何轉變的問題,試圖整合兩方論點，指出自願性團體具有正式組織的特性，[4] 這樣的組織通常沒有經濟生產功能，故需仰賴團體內成員的資源，以使團體能夠存在與運作。也就是說當個人加入自願性團體後，除了自身社會資源外，也會接觸當其他成員的社會資源，而這些團體成員的個人資源將形成團體資源，用以達到集體目的。由此可知，個人社會資本也可以轉變為群體的資源，從加入自願性團體開始。

在第二個問題上，Portes(1998) 已指出社會資本有其負面作用，當團體內凝聚力過強時，會產生個人自由受限與規範下移 (downward leveling norm) 情形，補充了社會資本正面功能論述的不足。在第三個問題上，Putnam 的確未清楚區分社會資本的來源與效果，Putnam(1995) 將讀報視為是一種社會資本，意謂著讀報是社會資本的來源，社會資本亦可促進讀報行為。但根據 Son 與 Lin(2008) 和林南（2007）的研究，理論上，社會資本是在建立關係後產生，透過人際互動產生出規範、資源與信任，故應先成為親友、參與團體後，在持續互動中產生社會資本，而非是先有社會資本使得個人參與團體，是故讀報並未與他人面對面接觸，難以建立社會關係，不應視為社會資本，從實證研究上多是以社團參與做為信任的預測變項 (Guillen et al. 2011; Jicha et al. 2011; Marschall and Stolle 2004)，即可得知建立社會關係的優先性。

Poder(2011) 以商人經商與社會資本關係為例，說明社會資本來源與效果的混淆，究竟是有社會資本促成個人經商，或是因為經商而有較多社會資本？不過，此一例子並不恰當，因為相較於社會團體，商人與買家間的交易是依既有法律規範，而非依共享的團體內規範，故應就人際互動和社會資本間關係加以論述，本書認為人際互動可產生規範與資源，即人際互動是社會資本的來源，之後團體內的互惠規範與資源才可

4　正式組織四種特性為：社會單位擁有不同的有價資源、對資源的控制與接觸具階層性關係、對資源使用具有共享規範與程序、單位內成員是可信賴的。

能促成人際互動。

表 1　Bourdieu 與 Putnam 在社會資本論點上之差異

項目	Bourdieu	Putnam
理論依據	Karl Marx 資本論	Tocqueville 結社論
定義方向	從資源觀點定義	從組織特徵定義
資本類別	可動員社會資本和可接觸社會資本	同質水平網絡、異質水平網絡與垂質網絡關係
資本作用	資本用以投資，使個人獲利	資本促成合作，使集體獲利
研究取向	個人取向	集體取向
影響學門	社會學	政治社會學、醫療社會學

資料來源：作者自行整理。

　　從 Bourdieu(1986) 資源交換的關係出發，隱含著團體內資源交換的可獲得的利益較兩人間交換的獲利還大，故個人選擇加入團體的假定，這意謂著成為團體內成員是較佳的投資策略。Putnam(1993) 從組織特徵出發，則可說明一旦加入團體，個人與他人的互動將循著團體內部既有的共享規範進行，呈現穩定的交換關係。由此觀之，關係網絡中的社會資本既是規範，亦是資源。所謂的關係網絡需要面對面互動產生；所謂的規範不同於制度規範或法律，而是團體內部規範。所定義的資源是指團體內部可接觸資源，而可動用的資源或團體間資源則非本研究欲探討對象。由於兩種取向的論述是不同的，本書意在探討涉及集體財貨分配的政治參與，故偏向集體取向，但也重視探討社會資本的負面外部性 [5] 與組織內部資源的影響。據此，將社會資本定義為：透過關係網絡，使公民追求共同目標的規範與資源。

---

[5]　Fukuyama(2001) 認為社會資本的作用並非是 Putnam 所稱的正面性，亦具有其負面性，當團體內凝聚力較強時，會有非我族類，其心必異的想法，反而會降低團體內成員與其他外部團體互動可能。

第二節　社會資本的作用與變化

一、社會資本的類型

　　Putnam(1995) 以個人受教平均程度提昇，政治參與行為卻下降的現象，指出政治參與並非純粹受到個人社經背景所影響。自此之後，學界對於政治參與影響因素的研究便開始聚焦在社會資本的作用上。然而，社會資本並非只有以社團參與為主的橋接式社會資本而已。依據 Putnam 與後續學者的研究，社會資本可分為三類，一是結合式社會資本（以下簡稱為結合式社資），相似於 Putnam 同質水平網絡概念，通常以家人、親戚、鄰居與朋友關係做為分析對象，成員組成的同質性較高。二是橋接式社會資本（以下簡稱為橋接式社資），接近 Putnam 異質水平網絡的概念，通常以社團成員關係做為分析對象，成員間彼此的社經地位較為不同，可透過較為異質性成員的接觸，得到較豐富的資訊與資源。三是聯繫式社會資本（以下簡稱為聯繫式社資），此概念來自 Szreter 與 Woolcock(2004, 655)，將此類社會資本定義為：「個人與社會上具有正式性、制度性權力者或權威者間的關係網絡規範」，用以分析權力不對等的關係。此概念近似 Putnam 的垂直網絡關係，差別在於 Putnam 認為侍從主義 (clientelism) 邏輯是義務非對稱 (Putnam 1993, 174-175)，而非權力不對稱。

　　此三類社會資本間是否有關係存在？本書指出由於受到各國不同政經與文化脈絡的影響，此三類社會資本間關係至今仍無明確定論，Putnam(1993) 指出義大利南方垂直網絡關係較多，義大利北方水平網絡關係較多，隱含著聯繫式社資較多時，有較少的結合式與橋接式社資，三類社會資本間呈現出負向關係。Fukuyama(2001) 認為在傳統社會中，建立在親友關係上的社會資本，愈可能猜忌、懷疑局外人，難以與親友關係外的成員互動，除非是在專業團體中，個人才能保有其凝聚力，亦可減少對外團體的不信任感，增加與外團體互動可能。在現代社

會中，團體成員間則較常互動，並允許成員的多重身分。O'Brien(2011)
以農業產銷為例，說明了結合式社資不一定是橋接式社資發展的阻礙。
這意謂著在現代社會中，因個人的多重身分，三類社會資本間可能為正
向關聯。實證研究發現結合式和橋接式社資間具有正相關 (Kääriäinen
and Lehtonen 2006)。但若進一步區分各國結合式和橋接式社資的分布
情況，則可發現在不同國家，有不同的分布。在丹麥、瑞典與荷蘭國
內，兩類社會資本皆多，在某些國家為結合式社資多，橋接式社資少，
在西班牙與波蘭等國則為兩類社會資本皆少的情形 (Wallace and Pichler
2007)。雖然各類社會資本的分布因脈絡而異，至今說明了三類社會資
本間有一定關係存在，依各國不同的政經與文化脈絡而有不同的強弱關
係與關係方向。

　　在目前研究上，同時分析三類社會資本的作用，較常出現在健康
與經濟議題上（Chuang and Chuang 2008; Szreter and Woolcock 2004;
Urwin et al. 2008; 張芳華　2011），較少出現在政治參與議題上。原因
或許在於既有研究顯示橋接式社資與政治參與間關係較為顯著，[6] 因此
探討其影響機制的研究較多，忽略了結合式與聯繫式社資對政治參與的
作用。

二、社會資本對政治參與的影響

（一）結合式社資的作用

　　結合式社資的產生主要來自相同宗族、地緣的關係，
Bourdieu(1986) 認為這些關係的建立是因為有基本社會制度的存在，如
家庭與宗族等。成員間基於這些關係，增加了互動可能，藉由交換、互
動產生了解與認同。當成員間相互認同時，即產生團體。由於彼此相互
了解，故團體內成員能辨別出不屬於團體的成員，具有區分團體界線

6　橋接式社會資本多以參與自願性團體做為測量依據，因此橋接式社會資本的作用
　多意指參與社團的作用，學界上亦稱為 Tocqueville 民主學派的作用。

的能力。當團體內部凝聚力過強時，便降低與團體外成員互動可能，Fukuyama(2001, 9) 便指出部分華人地區有此現象，並認為此類社會資本建立在較窄的信任範圍內，易造成負面外部性的產生。

Portes(1998) 除了認為封閉性凝聚力 (bounded solidarity) 阻礙了與團體外成員的互動機會外，也指出親戚與鄰居相互熟悉時，會產生非正式的社會控制力，在順從共識的規範下，將使得個人的自由受限制。以資訊資源流通來看，較為封閉的網絡關係，也會因缺乏容忍美德，降低了團體內成員對民主的支持 (Paxton 2002)。由過去文獻可了解結合式社資對政治參與或許有不利後果，其影響途徑是藉由網絡封閉性，降低對外在資源的連結，或以內團體凝聚力為理由，進而降低個人與團體外成員的聯繫。

結合式社資較高的地區，意謂著群體內的凝聚力較強，群體外的網絡聯繫較低，且群體間缺乏共享的社會規範。而這也是 Woolcock(1998) 所謂的非道德性家庭主義 (amoral familism)。在實證研究上，Alesina 與 Giuliano(2011) 以主觀感受來測量家庭聯繫，分析此類結合式社資對個人非傳統性政治參與的影響，研究結果指出家庭連繫愈強，政治行為的參與度愈低。教育、收入和此類社會資本則皆是政治參與的重要決定因素。雖然此跨國研究指出結合式社資的影響，但仍有三方面的不足，一是來自於測量信度問題，既是跨國研究，以家庭聯繫感受所進行的測量，卻無信度值 (Cronbach α)，當受訪者意指不同的家庭聯繫感時，將影響結果正確性。

二是有虛假相關的疑慮，許多研究已指出橋接式社資對政治參與的正向影響力（Guillen et al. 2011; Ikeda and Richey 2005; Klesner 2007; 2009; Lee 2008; Lorenzini and Giugni 2012; Putnam 1995; 吳乃德 2004；林聰吉與楊湘齡　2008；楊孟麗　2003），未同時探討三類社會資本的作用，無法了解結合式社資的獨立影響力，既有的顯著關係或許是透過另一個外在變項所造成。三是未探討結合式社資對選舉參與的影響，請願、抗議等非選舉性活動相較於選舉活動，在影響範圍與主動參與程度上仍有所差異（郭秋永　1992），意謂著結合式社資對非傳統性政治參與的影響力，不見得會呈現在傳統選舉參與上。

在美國，實證研究在控制個體資源、政治態度、社會團體等變項後，卻發現親友間的社會贊許可促成個人投票的可能。Abrams 等(2011) 指出親友網絡和社會團體不同，因個人和親友多居住於同處，個人的政治參與易被親友發現，不易隱瞞。當親友認為投票是件重要的事，會產生認同投票和不贊許的不投票的壓力。在壓力超過投票成本時，為了得到親友間的尊重和社會稱許，個人會積極參與投票。不過，該研究是詢問受訪者是否將參與美國總統選舉的投票，是以投票傾向做為依變項，其影響因素或許和實際投票行為影響因素有所不同。

Guillen 等 (2011) 以和親戚、朋友間的互動頻率做為測量，實證上發現在荷蘭與德國此類社會資本對於非傳統性政治參與有正向影響。而在英國，結合式社資和非傳統性政治參與間則無顯著關係。這顯示排外性較高的結合式社資，會因不同地區文化環境而有不同的影響效果，在一些國家中，親友間的聯繫、動員反而有助於政治參與行為。

在台灣基於儒家傳統文化所形成的家庭或家族聯繫關係，[7] 並非一成不變的。雖然面臨現代化的衝擊，有的傳統孝親等價值觀雖有減弱，但影響甚小；有的傳統價值觀則隨之改變（楊國樞　1992）。1990 年以後出生的世代不僅仍重視以情感做基礎的家族主義，和上一代相較，也較常和家族以外的人接觸（黃光國　1995）。由於在實證研究上，黃秀端（1995）發現透過親戚管道來拉票，可增加個人在競選活動上的參與。這意謂著現今的台灣社會，已不同於過去的傳統社會，結合式社資反而增加了個人被親友動員投入競選活動的機會。而因素分析的研究結果則顯示相較於美國與中國，台灣的朋友與其他親屬關係間具有某種程度的相交（林南等　2011），故以與親戚及朋友的互動做為結合式社資

7　黃光國（1995）認為儒家文化為華人社會的集體意識，強調家庭倫理與孝道觀念，和親友相處也必需保持和諧與互惠關係。

的測量。

（二）橋接式社資的作用

　　同上所述，橋接式社資多以社團參與進行測量，由過去文獻可整理出橋接式社資對政治參與影響的三種途徑，第一種是團體規範論，第二種是技能學習論，第三種是資源影響論。

　　1. 團體規範論來自 Putnam，從正面功能出發，Putnam(1993, 173) 認為公民參與網絡可提昇團體內的互惠規範，當團體成員間互動時，會發展出雙方可接受的規範與彼此間的期待，而團體規範又會因彼此間密集互動與認同規範而強化，這樣的團體規範最後會促成個人行動。Abrams 等 (2011) 則將團體成員間共享相同的規範、義務，認為其他團體成員亦會做相同的事，進而左右政治行為的機制稱為道德能動者途徑 (ethical agent approach)。

　　在亞洲研究中，Ikeda 與 Richey(2005) 論述經過社團社會化，習得規範與技能後，有助個人的政治參與行為。該研究發現在日本個人參與社團數量愈多，參與由投票與競選活動所構成的政治參與分數也愈高。Lee(2008) 在南韓的研究亦指出參與社團可培育公民容忍與尊重反對意見的民主規範，故社團參與可顯著地提升投票行為。在拉丁美洲研究中，Klesner(2009) 從 Putnam 的社會網絡與規範觀點出發，探討墨西哥政治參與行為，研究發現參與宗教、家庭與學校團體者，愈參與各類選舉的投票活動。

　　Son 與 Lin(2008) 在分析模型中同時加入社團參與總數和社團內部資源，研究結果發現社團參與總數對表達性和工具性公民參與有顯著影響，這亦暗指著相較於團體資源論點，團體規範仍是促成參與集體行動的要素。不過，熊瑞梅等（2008）指出社團參與總數和社團內部資源皆屬於組織社會資本的概念，兩者間有高度共線性，會導致此兩種社會資本影響力降低或者消失。為避免多元共線性問題，橋接式社資與社團內資源異質性並不會同時放入分析模型中。

　　然而，團體規範亦可能有其負面作用，即限制自由與規範下移。因為對個人產生非正式控制力的團體規範，會減少個人自由選擇的範圍，以避免破壞團體內部凝聚力。也就是說個人雖有不討論政治議題的自由，但在團體規範影響下，仍可能會隨著團體內成員一起討論政治議題，甚至一起參與遊行。除了限制自由的不利影響外，團體規範也不總是與主流社會規範一致，若團體規範與社會規範不一致時，個人會遵循次團體的規範，這便是規範下移的現象 (Portes 1998)。這意謂著當社會贊許選舉的民主價值，但個人所參與的團體卻質疑選舉公平性或其意見與個人不同時，個人會選擇不去投票，這些論點說明了團體規範對於政治參與的影響也不一定是正向的。

　　Jicha 等人 (2011) 以路徑分析方法分析，研究結果呈現社團參與數量愈多，互惠規範行為愈多，個人參與社團數量對參與集體行為有直接影響，但互惠規範行為多寡對參與集體的行為無顯著影響。這代表著社團參與數量是集體行為的影響要素，而非受互惠規範所影響。也有研究發現當個人與他人討論政治議題的意見愈不相同時，愈不會參與競選活動、縣市長投票與立委投票；反之，個人愈投入政治參與行為。這是因為在人際和諧規範下，不論支持哪一方，皆有人反對，故拒絕表達個人想法，降低了政治參與的動機（吳重禮等　2006）。雖然，上述研究結果並不一致，但至少顯示出有些團體規範對集體行為與政治參與是有影響的。

　　不過，以社團參與總數做為自變項的研究，這些測量是建立在所有社團的規範對政治參與作用皆一致的假定上，忽略了當不同社團的成員在參與和認同程度上有所不同時，規範影響力差異的可能。Putnam(1995) 即指出第三類社團 (tertiary association) 的成員參與度低，彼此較不熟識，不同於傳統的社團參與。故第三類社團較難促進社會信任，或許也難以產生較強的團體凝聚力。Wallace 與 Pichler(2007) 對歐洲國家進行社會資本差異比較研究，則指出有些國家社團成員人數不多，但成員參與團體的比例較高。因此，欲了解社團規範是否有影響力，應先區分不同的社團類別，而非僅計算社團參與量，若有一類社團對個人政治參與有顯著相關而另一類社團則無顯著影響時，即代表不同團體規範的影響力是不同的。Klesner(2007) 探討影響拉丁美洲四國非傳統性政治參與因素，研究便指出相較於其他非政治性自願團體類別，參與文化性與教育性團體者，其政治參與可能性較高，具有跨國影響力。

　　熊瑞梅等（2010）運用 TSCS 分析 1990-2007 年的資料，將九類社團初步分類為情感性社團與工具性社團，前者以宗族與宗教團體為主，屬於聯繫強且凝聚力較高的社團；後者以社會團體、職業團體與政治團體（政黨）為主，以工具性利益做為連結基礎。本書指出政黨參與本身也屬於政治參與的範疇，故不將政黨參與放入社團參與的類別中，以免形成套套邏輯 (tautology)。[8] 就凝聚力強弱來看，情感性社團的規範影響力應較工具性團體高，或許影響某一類的政治參與。金門縣長的選舉研究便顯示縣長候選人得票率高低與血緣宗姓認同有關，選民傾向投票予同姓氏的候選人。因為層級較高的選舉，選舉不僅和個人決策有關，還與全族榮辱有關（張世熒與許金土　2004）。在選舉時，情感性社團內部或許將產生若不投自己人，以後如何進宗廟大門或是再差還是自己人的情感性規範，並藉著社團內部壓力促使個人參與投票。這樣的投票動員方式，也被稱為人際與社會網絡的動員，代表政黨或候選人透過社會網絡的連結以影響選民的投票行為（徐火炎　2005）。由於在 2004 年宗教與慈善團體代表被提名為不分區立委比例高於 1992 年（包正豪　2010），這或許增強宗教與慈善團體代表透過情感性社團的動員來支持自己的可能。

　　就成立目的來看，工具性社團是為了使成員獲得更多利益，或許會透過團體內的規範壓力來促使成員參與某類政治行為，進而達到該團體所要求的目的。Kerrissey 與 Schofer(2013) 以非屬統合主義的美國工會

8　套套邏輯代表著句子上的邏輯關係，而非經驗上的因果關係，在此即為參與政黨即為政治參與。

為例，指出因為欠缺制度性支持，工會需動員所屬成員參與政治方可影響國家決策，而動員工會成員其中一種方式，便是規定與要求工會成員參與投票，使民主黨候選人能勝選。該研究並發現工會成員的投票和參與政治集會可能性顯著高於非工會成員。國內個案研究亦指出在 1990年以後，國家統合主義的政治安排逐漸鬆動，工會影響國家政策的方法，已從過去的抗爭轉向有組織的助選方式。在 1992 年立委選舉中，工會所助選的候選人，多數當選；被工會認為不友善的候選人，在工會反輔選動員下，盡皆落選，助選成效頗為明顯（許繼峰 1999）。然而，不同類型社團參與對投票的影響，仍有待本書來發現。

　　2. 技能學習論又稱為新 Tocqueville 論 (Fung 2003; Meer and Ingen 2009)，認為社團即為民主學校，可從社團中學到參與民主所需技能。當個人習得政治技巧時，參與政治亦可能較為積極。這樣的技能包含：組織團體、開會、討論等，對於政治參與是必要的因素 (Fung 2003)。在 Brady 等 (1995) 的研究中，將公民技能視為資源，將投票與競選活動參與加總視為政治參與，研究發現公民技能愈高，個人政治參與次數愈高。研究亦指出在工作中與在社團中所習得的技能，皆有助於政治參與。Ayala(2000) 則批評 Brady 等人的研究，認為在工作場域所習得的技能和在自願性團體習得的技能對政治參與的影響是不同的，研究反而發現個人在工作中所展現的技能對投票行為無顯著影響，而在自願性非政治團體中所展現出的技能則可以預測投票行為。這表示習得參與政治活動的技能是種社會化過程，在自願性團體中的影響較為強烈，故本書一方面將公民技能從資源論點中區分出來，另一方面則聚焦在自願性社團的作用上。

　　不過，個人經由社團習得技能的因果論點受到選擇效應的挑戰，後者觀點認為是某種個人特質促使個人同時積極地參與社團和政治活動，而非是社團生活的社會化過程促成政治參與。換言之，選擇效應認為受訪者的個人特質是決定政治參與的關鍵。Meer 與 Ingen(2009) 運用歐洲跨國資料，以公民技能與公民心性 (mindedness) 做為中介變項，分析個人參與社團對傳統政治參與與非傳統政治參與的影響，研究結果顯示中介變項雖能降低社團參與對兩種政治參與的影響，但只降低 10-20% 而已，技能學習論點並無法充分解釋個人的政治參與行為。因此，該研究認為選擇效應可能是造成兩變項間顯著相關的主因。該研究所使用的歐洲社會調查資料 (European Social Survey) 具有嚴謹的抽樣過程，當受訪者是隨機抽樣產生時，代表受訪者在背景與特質上應有不同，但研究結果卻呈現這些受訪者皆有相同特質，願意參與社團和政治活動，造成選擇效應產生，這樣的解釋是有矛盾的。

相較於因果關係難以確認的橫斷性研究，McFarland 與 Thomas(2006) 從技能學習論出發，於模型中加入許多變項以降低選擇效應的作用，並使用貫時性資料分析，研究發現若從青少年時期便加入服務社、戲劇社、職業社、學術社與學生會，在成年時期時，個人政治參與行為將較為積極。該研究指出某種類型社團具社會化作用，而這樣的作用是獨立於選擇效應的。由此可知，技能學習論雖有影響，但影響有限，而選擇效應亦非是政治參與的決定要素。或許橋接式社會資本對政治參與的作用非透過社團內的政治技能學習而產生，而是透過團體規範與資源影響而來。

3. 資源影響論認為藉由組織內部的資源動員與資訊交換，可促使個人參與政治。而資源不僅是物質資源，亦包含象徵資源。從 Bourdieu(1986, 248) 即指出從資源的交換中可維持社會關係，成員在團體則能藉資源交換而獲益。Wright(2014) 亦指出公民參與需要一定的資源，不論是時間或金錢等。Son 與 Lin(2008) 以個人的教育與收入測量所屬團體中的資源量，研究發現組織資源異質性對偏向政治行為的工具性參與有顯著影響，對表達性公民參與則無顯著影響。在台灣，戒嚴後婦女政治參與行為增加，卻少受到外在政治資源投入的影響（胡藹若 2005），暗指著團體內部資源是動員個人參與的一股力量。Lorenzini 與 Giugni(2012) 研究社會資本是否對就業者與長期失業者在非傳統性政治參與上產生影響，預期社團參與對欠缺資源的失業者影響較大，認為此類社會資本將補充失業者所欠缺資源，結果發現社團參與對就業者與長期失業者作用相同，故研究結果並不支持社團參與可補充不足資源的假設。

　　除了物質資源外，資訊也是一種資源。因為，如同物質資源一樣，獲得資訊需要付出成本 (Coleman 1988)。Jottier 與 Heyndels(2012) 便指出社會資本有利於降低資訊成本，創造出工具性投票的誘因。從社會交換角度來看，與不同成員接觸，增加了政治資訊獲得機會，也有助於提高個人參與政治的可能。McClurg(2003) 以和他人討論政治議題做為政治資訊交換的測量指標，研究發現即使同樣參加社團，但資訊交換較頻繁，討論政治議題次數較多者，選舉參與較積極。除了團體內資訊交換的程度，與誰接觸亦可能影響所獲得的資訊資源。李宗榮（2012）便指出接觸愈高社會地位者與接觸的人愈廣泛，愈可能有較多的資訊。Lee(2010) 研究參與社團對投票與競選活動的作用，研究指出社團內成員討論政治議題對參與競選活動有正向影響，對投票行為無顯著影響，研究結果顯示出資訊流通的作用，代表著相較於投票，參與競選活動需要較多的資源。歸納上述研究，團體內資源可提高個人的政治參與，而參與程度又或許受到個人所接觸資源的最大可能與最大異質性所影響。

　　不同團體類型蘊含著不同程度的資源，一併分析社團類別與社團資源的作用，有助於了解社團內資源對政治參與的相對影響力。也值得一提的是，由於社團內資源異質性的測量是先計算參與的社團成員組成的異質性，再計算參與者其擁有資源的平均數。此測量方式是假定社團資源由社團成員所提供，排除其他資源介入的影響，是內部社會資本的測量方式 (Son and Lin 2008)，故在本書分析模型中，僅視社團內資源為影響政治參與的自變項，而不當成受制度運作影響的依變項。

（三）聯繫式社資的作用

　　相較於前兩類社會資本的研究，學者較少探討聯繫式社資的作用，Ikeda 與 Richey(2005) 便認為未來研究應探討個人接觸擁有政治權力者是否影響其政治參與的議題上。理論上，個人與正式制度的代言者互動，應能獲得較有價值的外部資源，例如：知識、金錢與技能 (Mierina 2011, 88; Skidmore et al. 2006, viii)。不過，即使個人透過與權威者互動，獲得所需資源，也不一定會參與集體行動，以改善既有政治環境。Putnam(1993, 175) 便認為此類垂直網絡關係較難產生合作行動，因為在機會主義觀點下，個人會選擇逃避義務，個人與權威者之間也不需發展互惠規範。據此，在理性自利的考量下，聯繫式社會資本愈多，或許代表著個人愈不會參與政治，以逃避權威者的要求。

　　然而，從社會交換觀點來看，當個人被假定是有目的的行動者時 (Marsden 2005)，為獲取外部資源，也必須與權威者進行某類的交換行為，在交換行為中，雙方互取所需。在交換過程中，也同時存在最低程度的規範和義務，使得雙方能在權力不對稱關係下，維持此類社會交換形式，這樣的觀點明顯不同於 Putnam 機會主義的觀點。恩主侍從關係 (Patron-client relations) 便是建立在社會交換的基礎上，恩主提供侍從所需資源，侍從則提供未來的忠誠（陳明通與朱雲漢　1992）。在民主鞏固時期之前，國民黨便扮演著恩主角色，地方派系則扮演侍從者角色（丁仁方　1999）。進一步來說，恩主是透過物質資源、互惠訴求與強制性手段此三種途徑使地方派系或個人順從，以使恩主能在未來的選舉中獲得投票支持與正當性基礎。例如，恩主給予侍從物質資源並透過侍從以買票方式得到部分選民的支持。簡言之，在投票行為中，恩主是動員投票者，侍從則為被俘虜的投票者 (Wang and Kurzman 2007)。恩主侍從關係便是解釋個人與權威者間的互動關係如何影響投票行為的論述。換言之，聯繫式社資對政治參與影響的論述有兩種不同的解釋機制。

　　實證上，對於聯繫式社資的測量多以 Szreter 與 Woolcock(2004) 的概念定義為基礎，與正式性、制度性權力者或權威者的接觸則可視為聯繫式社資的表徵。一些偏向健康議題的研究以接觸不同專業人士做為測量依據，如：接觸律師、記者或醫師等 (Dahl and Malmberg-Heimonen

2010; Poortinga 2012)，另一些偏向社區或政治參與的研究則以接觸公部門人員或是政治人物做為此類資本的依據 (Muir 2011; Skidmore et al. 2006)，如：Muir(2011) 的個案研究中，便視中央住戶社區公司 (Central Housing Community Network, CHCN) 成員與公部門或是政治人物的接觸為聯繫式社資，其研究指出 CHCN 成員在政治參與活動上的降低可能與聯繫式社資增加有關，因從互動中逐漸信任公部門或政治家，相信他們會反映其意見，故減少自身政治活動的參與。本書依變項為政治參與，故聯繫式社資測量上，將以接觸公部門人員或是政治人物為主。

　　根據國內選舉動員的既有研究，村里長不僅屬於基層政治人員，亦是選舉動員時重要角色，與其接觸應可測量出個人聯繫式社資的多寡。陳介玄（1997）認為透過由內而外的動員網絡，使得派系可透過地方樁腳來動員大眾，以得到基層民眾的政治支持。而這樣的網絡關係雖是來自於人情連帶，卻非是水平連結，而是似垂直控制的關係。這突顯出少數派系成員、地方樁腳和外圍個體間的不對等關係，如同聯繫式社資的定義。由於在選舉的動員中，村里長為侍從網路組成中的一部分，扮演著上達民意與動員選民的基層角色，可透過買票等非法手段來動員選民（丁仁方　1999；王金壽　2004）。同樣以個人與村里長的互動做為聯繫式社會資本的指標，不過和既有恩主侍從關係研究不同的是，本書是從動員網絡最外圍的俗民來看待個人平時與權威者的互動情形，以觀察此類社會資本對政治參與的影響。而且村里長平時扮演服務地方的社會性角色（紀俊臣　1994, 7），相較於鄉鎮長或縣市長，對於個人的可近性較高。若個人與村里長互動頻繁，將意謂著個人被村里長動員而參與投票的可能性較高。

　　也有必要釐清的是，在民主鞏固時期前，工會與農會團體多被國民黨政府所掌控（許繼峰　1999；廖坤榮　2004）。以農會為例，農會自國民黨政府來台便被吸納，無論選舉或功能運作多在國民黨的掌控下，自主性不高，與國民黨之間亦發展出恩主侍從關係（廖坤榮　2004），這是否意謂著個人參與農會團體便擁有聯繫式社資？本研究指出不論是參與農會或其他社會團體,雖和農會總幹事、社團幹部間具有不對等權力關係,但和其他成員之間亦具有平等的權力關係。和聯繫式社會資本的定義相較,參加工會、農會僅代表參與社會團體,不代表皆能與擁有正式性、制度性權力的權威者建立關係與規範。或可說在成員多於領導幹部情況下,成員間水平網絡是多於垂直網絡的,將加入社會團體視為擁有橋接式社資較為適切。

總而言之,三類社會資本皆能預測政治參與行為,且三類社會資本間有一定的關聯存在,忽略其中一類社會資本的作用,可能高估或低估另一類社會資本的效果。因此,有必要同時分析三類社會資本的作用。

三、台灣民主鞏固前後時期各類社會資本的變化

社會資本的產生有其歷史脈絡,了解不同時期社會資本的發展,有助於釐清在民主鞏固前後時期各類社會資本的分布情況。

林勝偉與顧忠華(2004)認為在戒嚴時期,人際間的互動是建立在親疏有別的差序格局上,[9] 不易擴大成一般性的社會關係。也就是說在 1987 年之前,立基於血緣與地緣的互動關係是存在的,關係網絡從親密關係開始,並逐漸向外推展,但推展範圍是有限的。1947 年的二二八事件雖說明了個人私領域生活仍會受到國家所侵擾,但這不並代表家人間的互惠規範與凝聚力會因而消失。在 2000 年政黨輪替後,雖然民眾價值觀開始轉變,但結合式社資仍呈現穩定狀態,這是因為華人家庭的凝聚力是建立在孝道與家庭觀念上,這種家族為取向的傳統儒家文化,至今仍深植台灣社會,影響家庭組成與成員間的互動(朱瑞玲與章英華 2001;楊文山 2009)。由歷年 TSCS 分析結果亦可證實上述穩定發展的觀點,自 1984 至 2000 年,仍有 80% 以上民眾喜歡與親戚互動,無太大變化(關秉寅與王永慈 2005)。由此可知,家庭關係在

---

9 差序格局由費孝通所提出,意指個人以自我為中心,依親密關係遠近與他人互動,社會關係就如同同心圓,由內至外推展(黃光國 2001)。

民主鞏固前後時期改變不大，朋友關係雖存在，但欠缺相關文獻可說明其變化。

　　根據內政部（1995）統計資料顯示，在 1990 年以前職業團體與社會團體數是逐漸成長的，數量近 7,000 個。在民主鞏固階段的 1997年，社會團體數則近 13,000 個，成長近 2 倍，至 2002 年社會團體數已逾 20,000 個（林勝偉與顧忠華　2004）。本文指出在民主鞏固之前社會團體的增長，並不代表個人橋接式社會資本的增加，社團數目並不代表個人實際參與社團的數量，在戒嚴時期即使存在著社會組織，其組織也是被國民黨所滲透。個人間欠缺橫向連結，只有縱向的恩主侍從關係（李丁讚　2004, 31）。在 1987 年後，則因制度性保障，增加了個人與異質性團體互動的機會。不過，民眾的社團參與並非一直呈現活躍現象，自政黨輪替以後，民眾社團參與總數和各期群組平均值相較，開始呈現下降情形，尤其是在工具性社團參與上（熊瑞梅等　2010）。

　　至於 1987 年之前個人與基層權威者互動情況，應高於 1987 年之後。從 1954 年以來，歷年省議員投票率皆在 70% 左右的結果來看，學者便認為是個人為獲得某類物質資源而參與投票，不同於尊敬地方領袖的示敬式投票（袁頌西等　1983）。這或許代表著在戒嚴時期，民眾的政治參與行為是透過侍從主義的交換機制而產生，非受團體內規範或資源所影響。相較於有限的橫向連結，在戒嚴時期民眾反而可能有較高聯繫式社會資本。值得說明的是，戒嚴時期個人與基層權威者的互動，並非出於個人自願，而是基層幹部為達深入民眾的目的，主動接觸民眾所致（陳明通　1995, 35）。然而，在 1993 後，司法開始改革，買票行為在缺乏過去司法體制的保障下，造成基層幹部不敢聯繫樁腳，樁腳不敢替候選人買票的現象。尤其是在 2000 年政黨輪替後，民進黨政府對於取締賄選方法，是針對樁腳起訴而非針對候選人，更減低基層幹部透過樁腳進行買票動員的可能（王金壽　2006）。這將逐漸弱化過去負責選舉動員的村里長角色，在動員個人投票的成本增加下，個人與基層權威者的互動機會或許會減低。

　　由儒家文化重視家族的觀點，可整理出不論處於何種時期，個人的結合式社資呈現較穩定情形。而以 2000 年前後做為觀察點，則或許可發現橋接式社資呈現下降情形，聯繫式社資亦呈現逐漸下降趨勢。在 1993 年，由於民眾參與社團比例仍高，司法也尚未獨立，故相較於民主鞏固時期，個人能同時擁有較多的橋接式和聯繫式社資。在美國，Putnam(1995) 指出社會資本有逐漸下滑趨勢，公民參與日益下降。在台灣，實證研究顯示橋接式社資在時間上的變化，因社團類型不同而有所差異（熊瑞梅等　2010），但對於其他類別社會資本的實際分布則仍欠缺實證研究的佐證。

第三節　制度變遷的概念與作用

一、制度變遷的概念

　　制度的研究自 1960 年代便開始，不論是理性選擇制度論、社會學制度論或是歷史制度論，皆同意制度會對人的行為產生影響 (Hall and Taylor 1996)。North(1990, 15) 從人們在缺乏資訊下如何自願合作的問題出發，認為在有限的認知脈絡下，社會規範提供了共享知識的基礎，使得行為的發生是可被理解的，縱使很少能猜測到對方行為背後的信念。North(1990, 3) 將制度定義為：「人們所設計的社會遊戲規則，可限制人們的互動，也提供人類交換的誘因」。當制度改變時，人的行為亦隨之改變。相反地，若承認國家制度無作用，當社團參與減少時，就只能歸咎於民眾本身。也就是說當某類型社會資本降低時，並無法藉由外在條件來改善 (O'Brien 2011)。

　　制度又可被區分成非正式制度與正式制度，前者包含價值觀念與風俗習慣等，由於不易改變，對個人行為有相對穩定的影響。後者為法律與規範，多以成文方式呈現，影響著人際間互動方式（王躍生 1997, 42-50）。Portes(2006) 認為不論是正式書寫的規範或是非正式規範皆引領著各種社會組織中的角色關係。Portes 在分析非正式制度中價值與正式制度關係時，以同樣制度移入不同社會中時，所產生制度稼接 (institutional grafting) 失敗的論述，指出價值的重要性，價值除影響人類行為外，亦左右制度是否能發揮作用。的確，要使制度能真正影響人的行為，只有在規範確實植入人們所共享思想與行為的習慣中。是故，本文所意指的制度變遷包含著正式制度與非正式制度的變遷，是種較廣義的制度，而非僅限於正式制度的內容（沈有忠　2005），筆者將制度變遷定義為非正式與正式制度在不同時期的變化，將先探討制度表現認知與社福制度實際支出的歷史變化，並進而觀察非正式與正式制度在不同時期的作用。

　　Hodgson(2006) 認為若沒有個人的支持，正式制度僅是未受支持的法律宣稱，而非真正的制度。這意謂著制度對行為的影響力不僅是透過規範內容本身的限制與刺激所產生，也受人們對制度觀感的差異而有所不同。換言之，徒法不足以自行，制度能持續運作是藉由人們的正向反饋行為而產生自我強化作用 (self-reinforcing)[10]。Szreter(2002) 便指出在 1910 年以後，美國結社行為活躍就是制度認知的產物，並以此論點批評 Putnam 的論點無法解釋為何相較於 1910 年以前與 1940 年以後，生於 1910-1940 年的美國人有較多的橋接式社資。

　　在正式制度變遷方面，將著重在社福制度對社會資本的影響，並從資源支出的差異來進行探討。在研究制度支出作用前，學者是從不同制度設計的觀點出發，研究發現由 Andersen 所區分出的三種社福制度類型中，自由主義福利政體由於採用選擇性社福政策，導致主流社會與受補助個人間產生了文化上的距離，故和採用一致性社福政策的社會民主社福政體相較，社會信任較低 (Larsen 2007)。Roberts(2004) 認為一致性的社福制度透過財富分配與公共服務方式，有利於社會資本形成。相對

10　制度自我強化意謂著多數個人認為遵循既有規範，保持既有行為是最好的策略，制度被多數人所接受與使用，故強化制度本身，使得制度不易被改變。

地，在自由主義工作社福制度下，勞力為可自由販賣商品，勞工之間仍處於孤立狀態，不利於社會資本的形成。時間序列資料的研究並指出就社福制度與社會資本的因果關係而言，相較於其他可能的影響方向，社福制度對社會資本的影響方向較為正確 (Patulny 2004, 18)。Oorschot 與 Finsveen(2009) 則提出社福制度變化對社會資本的影響機制，認為較全面實施勞動、社會與教育保障的社福制度後，可降低經濟與教育文化上的不平等，而經濟資本與文化資本可轉變成社會資本，在社福制度可減少經濟與文化上不平等下，將間接降低社會資本的不平等，但研究結果卻顯示社會資本的不平等在不同社福政體間並不顯著。

因此，學者將焦點轉向實際運作變化上，指出社福資源的支出對社會資本有所影響，研究發現四種不同的社福制度設計對於認知社會資本無顯著影響，實際支出多寡才具有顯著作用，或可說社福制度類型間的變異程度小於制度內部的運作程度 (Oorschot, Arts and Halman 2005)。這些研究結果代表著兩方面的意義，一方面顯示從資源支出差異來看，制度內部運作有顯著差異存在，二方面則反映出社福制度運作可視為社會資本的影響來源。

除了排除社福政體的作用外，亦將排除二種制度的影響，一是民主制度，二是合併選舉時程的制度。在民主制度上，本書是以縣市做為第二層級的分析單位，而政黨制度與司法制度在各縣市施行時間是一致的，在 2008 年以前選舉制度也未有大幅度變動。[11] 因此在各縣市民主制度皆相同的情況下，難以解釋 2008 年以前各縣市社會資本與政治參與的差異。在選舉時程上，既有研究指出將兩次以上的選舉合併同一時程舉行，投票率通常能提高（李俊達 2009），但依據先前研究指出投票率下降的情況（小笠原欣幸 2012；李仲彬等 2008），代表將合併

---

11 本研究依變項之一是 1992 年與 2004 年立委選舉投票行為，2008 年立委選舉才從單記非讓渡投票制改為單一選區兩票制，在此之前，立委選舉制度皆為單記非讓渡投票制。

選舉時程的制度設計對政治參與影響有限。

二、制度變遷對社會資本的影響

　　先前對社會資本的論述主要著重在社會資本概念與其作用，仍未討論社會資本的起源為何？Boix 與 Posner(1998) 指出社會資本主要有二種可能來源，其一是重覆賽局論，其二是第三方監督機制。前者意指個人在預估合作次數不只一次下，現今的背叛行動在未來得不到好處，是故個人在重覆賽局中欠缺在合作中背叛的誘因，在未來會不斷合作的預期下，社會關係被建立與強化。依此論點社會資本在各地區的含量應該相同，實際上卻是不同的，意即重覆賽局論無法解釋各地區社會資本的變化。

　　第三方監督機制則認為欲建立社會關係，克服合作行為的困境，可透過制度建立方式，以制度獎懲力量使不信任者願意與其他人建立合作關係。意謂著各地區社會資本的差異，是由於不同制度或是制度變遷所導致。Boix 與 Posner(1998) 認為此一論點雖有部分解釋力，但實證資料支持度薄弱。Fukuyama(2001) 則認為社會資本是宗教、傳統與共享歷史經驗的產物，國家能創造出社會資本的方法不多，頂多只能透過教育傳遞與團體外成員互動的知識，或是提供公共安全制度的保障來創造社會資本。相較於過去在此方面研究的不足，現今已有大量制度方面的研究可做為支持，故可視制度變遷為造成各縣市社會資本差異的原因。

（一）集體意識形塑說

1. 集體意識形塑說

　　此論點來自 Szreter(2002)，Szreter 從國家與制度的角色出發，指出在大蕭條時期 (Great Depression)，由於聯邦政府運作有效率，不僅優於之前政府表現，表現也超過當時民眾預期，使民眾能渡過此蕭條時期，故民眾對政府表現多持正面看法，並產生了集體意識。這樣特殊的歷史經驗，使得在此時期出生的世代（1910 -1940 年）有著較強烈的集體意識，認為所有人都在同一條船上，政府能提供民眾所需，民眾也仰賴政府，因而願意投入時間與金錢在集體的活動上，所展現的出來的現象便是個人擁有較多的橋接式與聯繫式社資。

Szreter 並認為現今社會資本的瓦解並非是個人獨自打保齡球所造成，那只是表徵，主要原因在於民眾對政府制度評價轉向負面，且不再高度評價政府所提供的服務所致。當民眾不再稱許制度時，結合式社資將興起。也就是說屬於非正式制度中的價值態度，會影響著各類社會資本的含量。對制度運作表現看法愈正面者，因為可形成集體意識，有助於個人投入集體的社團活動或是增進與權威代言者的互動，使得個人的橋接式與聯繫式社資較多。雖然 Szreter 認為在內戰期間地方政府施政有效率，亦可能是形塑民眾價值態度的來源；但中央政府的施政影響範圍較廣，故僅以民眾對中央政府的制度表現做為測量依據。

在台灣，過去亦曾面對物資缺乏與共黨威脅，使民眾產生了集體危機感，而願與政府一同發展經濟 (Onis 1991)，並投入集體活動中。因此，在施政評價變遷上，或許將呈現民主鞏固時期前施政評價高於民主鞏固時期的現象。整理意向調查資料中民眾對於中央政府整體施政表現的評價和熊瑞梅等（2010）的研究結果（見附錄一），在 1992-2005 年期間，民眾對政府表現滿意度逐漸下滑。相較於其他時期，在 1991 年與 1992 年，民眾對政府施政評價最高；在 2005 年，民眾對政府施政評價最低，僅 20% 民眾滿意政府施政表現。

為何自 1992 年後民眾對中央政府施政滿意逐漸下降？這或許是由於媒體逐漸開放與個人自由性逐漸增加所致，使得民眾與政府一體的集體感逐漸消失。盛治仁與白瑋華（2008）研究便證實時間與媒體的事件報導影響了民眾對總統的施政評價，在控制媒體事件報導與其他變項後，研究發現隨著時間增加，對施政的滿意度會逐漸減少，而不滿意度亦逐漸增加。陳陸輝（2006）則認為當政治愈民主，媒體愈自由時，國民黨與黑金掛勾的消息將被逐漸揭露，進而影響民眾對政府的態度。

2. 施政評價與社團參與率間關係

　　究竟對中央政府運作認知是否左右著橋接式社資的發展？就 Szreter(2002) 集體意識形塑說的觀點而言，兩者應呈現正向關聯，但實際上兩者間的關係至今仍欠缺實證上的支持。與集體意識有關的公民參與研究指出，要促使個人投入社區發展活動，其中一種方法便是透過集體意識感的喚醒，欠缺集體意識感，難以促使社區居民採取行動（陳錦煌與翁文蒂　2003）。在每一縣市，如同在每個社區一樣，應有不同的集體意識感，當民眾若愈滿意中央政府施政評價時，透過非正式互動與輿論等方式會影響個人的社團參與行為，應能促使個人投入社團活動中。

　　不過，縣市施政評價的作用並非穩定不變，若從現代化觀點來看，相較於民主鞏固時期前，在民主鞏固時期，由於接觸多元資訊，[12] 個人的現代性價值觀逐漸增長，強調抑制個人發展的集體價值觀已不受個人所重視（黃光國　1995）。這也代表著當價值觀偏向現代性所強調的個人自由時，[13] 在民主鞏固時期，個人或許較少受同一縣市民眾輿論氛圍的影響，進而造成在民主鞏固時期，縣市執政評價氛圍對社會資本作用減弱或消失的情形。換言之，縣市執政評價氛圍作用的改變是儒家文化面臨現代化時，個人價值觀改變所導致。

　　3. 制度信任度與社團參與率間關係

　　集體意識形塑論的另一觀點，則從非正式制度的間接影響力出發。此觀點指出只要政治制度是公平的，可形塑出可信賴的環境，在個人不會被利用，偷竊等違法行為會被懲罰下，民眾會形塑出信任制度的想法。這種對政治制度的信任，也可說是對政府的信心（陳陸輝與陳映男　2012）。在智利，依 2005-2009 年三次調查結果顯示民眾對中央

---

12 媒體表達的自由屬於公民自由的組成要素，依自由之家的歷年調查數據，1993 年台灣的公民自由屬部分自由程度，1996 年以後為自由程度，2004 年以後為高度自由程度（李酉潭　2007）。

13 關秉寅與王永慈（2005）分析 1985-2000 年四期 TSCS 資料後，亦指出台灣民眾價值觀已從上一代注重安全相關的價值觀，已轉向注重個人自由的價值觀。

政府、總統、議會等各類政府機構信任度低，同樣地，民眾在自願結社與宗教性社團參與比例上也很低 (Valdivieso 2012)，這或許代表著制度信任和社團參與間有部分關係存在。其他研究則呈現當民眾對政治制度的信任愈高，對一般人的信任也愈高 (Freitag 2003; Rothstein 2000; Rothstein and Stolle 2008)，而社會信任愈高，參與社團可能性愈高 (Christoforou 2011)。是故，個人對政治制度的信任感可擴展對一般人的信任，進而鼓勵個人去參與各種社團。也就是說制度信任對社團參與的作用並非是直接的，而是透過一般的社會信任而產生。

　　實證研究上，Krishna(2007) 研究影響印度村落中個人社會資本的生成因素，以合作行動、互惠規範、凝視與社會信任建構社會資本的分數，研究指出信任政治制度並無法顯著提高個人的社會資本，證實了制度信任對社團參與無直接影響的觀點。不過，Krishna 對政治制度的定義與測量並不清楚，問卷中只測量受訪者對政府的信任與經營能力，並未言明是信任中央政府抑或是地方政府，受訪者回應偏誤或許會影響研究結果。在台灣，總統府、行政院與立法院皆為中央政府機構，既有研究卻指出相較於總統與行政院，民眾最不信任立法院（盛杏湲與黃士豪　2006），且民眾往往將總統與行政院視為一體（林瓊珠與蔡佳泓 2010），故在測量上，將民眾對總統與行政院的信任視為對中央政府的信任，以分析在不同縣市中對中央政府的信任感是否影響個人的社團參與。

　　由於民眾對中央政府信任度，自 1992 年起，有逐漸下降情形，至 2004 年民眾的政治信任感最低，這和民眾對過去整體經濟與過去個人經濟評估有關（陳陸輝　2006）。以此制度信任度數據和熊瑞梅等（2010）研究相較，兩變項間並未呈現一致趨勢，這暗指著對中央政府信任度與社團參與率間並無直接關聯。依先前實證發現結果，或可說此種制度信任對社團參與並無直接影響，但或許有其間接影響力。

（二）資源挹注說

　　資源挹注說認為因公共資源的挹注，使本身欠缺資源的民眾有較多機會與家人、朋友相處，並增加社團參與機會。當福利國家退縮回去時，社會資本隨之降低，Kumlin 與 Rothstein(2005) 稱此關係為退縮效應 (crawling back effect)，本書則從正面思考，稱之為資源挹注假說。Ingen 與 Meer(2011) 發現因為社福支出的協助，提升低教育程度者、貧窮者與婦女參與社團的可能，降低了參與的不平等。Rothstein(2001) 認為瑞典的福利制度並未減少公民對於社團的參與，反而因福利資源的協助，促使社會信任的產生，該文指出社會資本也許是透過制度運作而產生，而非是透過結社活動產生。跨國實證研究則發現福利支出較多可增強社會資本 (Oorschot, Arts and Halman 2005)，福利支出較多，對個人參與社團有著正向影響，但對於和鄰居、朋友接觸則無顯著影響 (Gelissen et al. 2012)。福利支出較多，可增加參與休閒團體和工具性團體數，對參加人道和環保團體則無顯著影響 (Ingen and Meer 2011)。

　　Fukuyama(2001) 雖然認為國家若承擔了過多應留給公民社會處理的事務，會使公民依賴國家，將失去與他人合作的能力，最後會對社會資本發展有負面影響，但仍主張國家應提供一定程度的安穩環境，使得個人不用擔憂其生活，能放心走在路上，能投入社團活動中，從而增加與他人的互動的機會，並由與他人重覆互動中提升其社會信任感。

（三）資源取代說

　　資源取代說認為由於福利制度的介入，原本需與他人互動才能得到資源幫助，在國家協助下，社會互動與親密聯繫將弱化，意即福利資源的挹注反而對社會資本具有排擠效果 (crowd out)。歐洲跨國實證研究發現福利支出愈多，認知社會資本愈少 (Oorschot, Arts and Halman 2005)。福利支出愈多，社會資本的作用愈少 (Koster and Bruggeman 2008)。不過，也有研究使用不同的認知社會資本當做依變項，研究卻發現國家層次的福利制度對社會資本無顯著影響 (Oorschot and Arts

2005)，意即研究結果不支持資源取代的論述。

如何解釋上述研究結果的矛盾？不一致的結果，來自於社會資本測量上的差異。由於社會資本包含許多面向，使用其中不同面向，就會造成不同結果 (Kääriäinen and Lehtonen 2006)。以上述 Oorschot 於 2005 年所發表的兩篇研究為例，採用相同年分的歐洲價值調查資料與相似的自變項，只是以不同的認知社會資本做測量，就發現了不同的結果。此外，若將社福制度分成一致性與選擇性的福利制度，[14] 則可發現民眾愈接觸一致性的福利制度，社會信任愈高；愈接觸選擇性的福利制度，社會信任愈低 (Kumlin and Rothstein 2005)。

在台灣，社福支出可再分為社會保險、社會救助、福利服務、國民就業、醫療保健等五類，本書將以社會救助內容做為分析對象。一方面在於相較民主鞏固時期才發展的制度，社會救助屬於社會福利範疇且發展較早，在因果時序上，可視為影響社會資本和政治參與的來源。二方面在於社會救助中的的低收入戶生活扶助屬於選擇性社福制度，是針對貧窮群體而設計。根據既有研究，此項社福給付會對社會資本和投票行為有所影響 (Kumlin and Rothstein 2005; Swartz et al. 2009)，故將分析各縣市的生活扶助給付。此外，也將《社會救助法》中的急難救助視為一致性社福制度的觀察指標，因為急難救助的用意是在協助突遭重大變故的個人，是種臨時救助措施，並非是針對貧窮群體，一般民眾只要符合申請資格即可申請。[15]

除了透過區分一致性與選擇性的福利支出以驗證資源挹注說與資源取代說的論述外，也考量社福資源的分配主要仍受制度規範所左右，是

14　Kumlin 與 Rothstein(2005) 在文中提供了兩種判定一致性與選擇性的福利制度的標準，一種是科層官僚的審查程度，另一種是目標團體是否為窮人。本文認為不論是何種社福補助，皆會經過行政審查，而審查嚴謹程度難以測量，因此將視貧窮團體的補助為選擇性的福利制度，若非針對貧窮團體，每個個人和團體皆有相同機會獲得同樣資源的制度，則為一致性福利制度。

15　生活扶助的申請方式與金額請詳參《社會救助法》第 10 條與第 11 條規定，急難救助的條件與方式詳參《社會救助法》第 21 條與第 23 條規定。

故有必要在探討社會救助資源和社會資本兩者關係前，先了解在 1993 年與 2005 年期間，社會救助內容的變化，以採取較合適的指標進行觀察。

1.《社會救助法》的變遷

《社會救助法》於 1980 年完成立法，其前身為 1943 年所訂立的《社會救濟法》（蔡明砡　2005），此法協助對象主要是貧民與遭受緊急危難的國民。在此法訂定後，《社會救助法》至今又經歷過十次的修正。與本文研究時期較為有關的，是貧戶資格的界定。在 1997 年第二次修法前，界定貧戶的貧窮線在部分縣市的設定標準是不同的。[16] 呂朝賢（1999）指出高雄市和台灣省各縣市是以家庭平均所得的三分之一做為標準，台北市則以平均每人每月經常性消費支出的 40% 做為標準。到了 1997 年，由於修正《社會救助法》中的第四條規定，提高全國貧窮線的標準，使得 1998 年貧戶數增加明顯。在 1992-1997 年期間全國貧戶數增加約 5,000 戶，1997-1998 年期間全國貧戶數亦增加約 5,000 戶，其中，又以第三款（類）低收入戶增加最多[17]（薛承泰與方姿云 2005）。這是因為修正法中規定的貧窮線以平均每人消費支出 60% 做為界定，明顯寬於之前的貧窮線標準。

在急難救助方面，1997 年的修法也放寬了接受急難救助的資格，原本在 1980 年明列兩類受協助對象，即負責家庭生計者因長期患病或遭遇意外傷、亡時，可接受急難救助。至 1997 年，則增加至四類，其中一類是協助負責家庭生計者，當其失業、失蹤、入營服役或入獄服刑時，可申請此類資源，另一類則為車資的救助。

16　文中的貧戶等同於低收入戶，貧窮線等同於最低生活費，與呂朝賢（1999）定義相同。

17　各縣市低收入戶分類與補助方式請見附錄二，各款（類）低收入戶者補助金額在不同年度有所差異，但原則上是相同的。以台灣省為例，第一款未靠救濟無法生活者，所得到生活扶助金額最高，第二款低收入戶者次之，第三款得到救助金額最少（行政院主計處　2007, 111）。

2000 年與 2004 年亦陸續修正內容，但對於全國貧戶數與急難救助者影響不大。2000 年修正原因在於省級政府組織被精簡，界定貧戶資格權力與發放急難救助給付權力由省（市）政府改至中央與直轄市主管機關手中。2004 年新增界定家庭財產標準，除所得外，動產與不動產皆視為家庭財產。這使得相較於高雄市與台灣省，台北市的低收入戶數量減少，其他各縣市變化不大，新制度有效減少了台北市擁有一定動產與不動產的假貧戶（薛承泰與杜慈容　2006）。至於 2007 年與 2010 年的修法內容，分別增加了急難救助者界定標準與調高貧窮線標準，其制度修正的影響結果因為與本研究時期無關，故不予以探究。[18]

從過去的修法方向，可以得知《社會救助法》內容的變動主要涉及貧窮線界定與急難救助資格劃定的差異，所影響到的是貧戶數與急難救助者的增加，理論上，2000 年以後的貧戶數與接受急難救助者多於 2000 年以前，民主鞏固時期的貧戶數與接受急難救助者多於民主鞏固時期以前。由《社會救助法》的變遷來看，只說明了不同時期低收入戶者與急難救助者的增加，並無法解釋這些群體所接受資源的變化和各縣市社福資源分配的差異。

2. 社會福利政策綱領的變遷

社會福利政策綱領制定前，較早的社福政策是 1965 年的民生主義現階段社會政策，但由於此時期只有政策內容卻無立法相關配套措施，使得社福支出成長有限。之後的 20 年間，相關福利政策仍無立法預算支持，可說是政策福利多過福利政策的時期。即使 1980 年《社會救助法》的通過，亦沒有相關預算的編列（林萬億　2006, 20-25）。等到 1994 年此政策頒布後，社福預算內容的相關制度才開始得到重視。

社會福利政策綱領為我國較完整的社福政策，實施目的之一便是要促進社會與經濟的均衡發展，並逐漸建立社會安全制度。雖然實施的五

18　詳見 2007 年與 2010 年《社會救助法》第 4 條與第 21 條規定。

個要項中，並非著眼在探討社會救助預算，[19] 但因為在此政策實施前，社福支出仍以軍公教退休撫卹支出為主，引發後續學者與民間團體的批判，反而促使社會福利支出能精簡至五類，即社會保險、社會救助、福利服務、國民就業與醫療保健，將軍公教退休撫卹、社區發展、社會教育與環境保護支出從原本的社會福利支出中獨立出來（林萬億　2006, 26-27）。在社福總經費維持一定下，當預算分配類別縮減至五類時，有利於此五類社福預算支出的增加。依蘇麗瓊與胡彩惠（2005）研究顯示，1994 年中央社福支出扣除社區發展與環境保護後，中央社福支出占總預算比例約 6%，政策實施後，1995 年五類社福支出大幅成長，占總預算近 14%。在 1996-1999 年期間中央社福支出占總預算比例稍微下降，至 2000 年以後又因選舉社福政策支票增加而逐漸回升。

至 2004 年社會福利政策綱領進行第二次修正，這是因為 2000 年政黨輪替，民進黨希望提出有別於國民黨以軍公教為主的社福政策，主張應建立公平正義的社福制度（林萬億　2006, 27-28）。和 1994 年的內容相較，2004 年社會福利政策綱領將社會救助視為社福項目之一，也就是從之前的五大項社福內容擴展至六大項。不過，同前所述，社會救助項目早已列入社福支出的預算別，因此即使綱領內容有所擴展，2005 年中央社福支出占總預算比例和 2004 年相較，亦未有明顯增加情形，僅從 17.6% 略微增至 17.7%（鄧哲偉　2004）。

由此可知，1994 年社會福利政策綱領的制訂是造成社會救助預算增加的主因，而非由於 2004 年此綱領內容的擴展，制度的變遷明顯改變了社福資源的支出比例。這代表著在本研究所欲探討的 1993 年，個人所接受的社福資源量少於民主鞏固時期。

3. 設算制度的訂定

社會福利的設算制度是於 2001 年制定，是將縣市政府該年度所應得到的社福資源，透過制度化的公式予以設算。歸納過去學者論述（方

19　五大項社福內容分別為：就業安全、社會保險、福利服務、國民住宅與醫療保健。

凱弘　2006；林玉春　2000；林全　2000；蘇麗瓊與胡彩惠　2005），
此制度的設立是由三方面因素所造成，一是 1999 年地方制度法的制定
與財政收支劃分法的修正，奠定此制度的合法性基礎，二是林全主計長
的推動，三是新制度除了具備有效分配資源的功能，亦可解決過去各縣
市長為地方政績而競相爭取補助款，無法開源節流，而中央政府又礙於
人力不足，無法有效監督執行的問題。

　　在 2001 年以前，原本直轄市政府、各縣市政府與鄉鎮市區公所的
社福預算是由內政部社會司所補助，不過內政部由於欠缺對地方政府財
力的了解，對財源較貧乏的縣市往往補助有限，造成各縣市政府在社福
資源運用上有顯著差異（內政部　1998, 164）。自 2001 年以後，則改
由行政院主計處設算縣市政府的社福預算。主計處將原本內政部社會司
所補助經費加上原來的統籌分配稅，透過設算指標給予縣市政府社福經
費。其指標考量到各縣市政府的財政能力、縣市內身心障礙者、低收入
戶者、老年人、幼童與婦女人數。

　　由於設算制度僅訂定各經費分配比例，並未言明各福利項目要如何
落實，故中央政治亦訂定社會福利績效考核指標，以監督地方政府的實
施情形。在考核指標之外，亦保留部分彈性給予各縣市政府，目的在於
可依據地區性差異以發展最佳的社福計劃（詹火生等　2004, 15-20）。
然而實際上，考核結果與設算內容無關，故造成縣市政府社福資源的
實際分配，中央政府難以左右的結果（詹火生等　2004, 146）。由此觀
之，設算制度的訂定雖依設算指標分配予各縣市政府所需社福資源，但
由於中央政府無法直接影響地區政府，在補助經費較之前高且縣市政府
具有自行發展的自主性時，或許擴大了之前已存在於縣市政府間社會救
助支出上的差異。

　　除了上述制度因素外，一地區的低收戶人口比例、失業率或死亡率
高低亦會造成各縣市生活扶助與急難救助給付的差異。以台北市為例，
在 1992 年，台北市低收入戶人口占總人口比例和台灣省各縣市相差不
遠，比例約為 0.58%，但到了 2004 年第二季，台北市低收入戶人口占

總人口比例約為 1.4%，台灣地區平均卻只有 0.85%（薛承泰與方姿云 2005）。由於台北市低收入戶人口比例高於其他各縣市，這是造成 2004 年台北市生活扶助支出遠高於其他各縣市的原因。急難救助資源因涉及失業與死亡概念，在各縣市失業率明顯不同下（江豐富與劉克智 2005），當一縣市失業人口較多時，所支出的急難救助資源或許會隨之增加。同樣地，一縣市死亡率較高時，此類資源的支出亦可能增加。

　　為了解此一致性與選擇性社福資源的作用，並排除因《社會救助法》內容修正、失業率或死亡率增加而造成救助人數增加的影響，本研究不以社會救助資源總額做為觀察指標，而以低收入戶可得生活扶助金額除以低收入戶人數做為觀察指標，同樣地，急難救助資源亦是以如此方式進行觀察。如此不僅可觀察不同時期社會救助資源的變化，亦可了解各縣市社會救助資源間的差異。統整上述論點後，由於理論上，社福資源可能透過資源挹注或是資源取代兩種方式來影響社會資本的形成，社福資源多寡本身係受到社福政策的影響，加上筆者至今仍尚未搜尋到社會資本能直接影響社福資源多寡的文獻，故就因果關係上，將社福資源視為影響社會資本的原因，而非其影響結果，較為合理。

　　4. 平均每人社會救助給付和社團參與數間關係

　　上述以國家為分析單位的研究，加深了學界對社會資本來源的了解，但卻忽略了社福支出的差異不僅存在於國家之間，亦存在於國內區域間，詹火生等（2004, 2-4）已指出不同縣市的社福支出比例是不同的，且差距有擴大趨勢，這不僅與各縣市政府財政能力有關，亦與設算制度中中央政府無法實際左右縣市政府資源分配有關。其次，國外研究是探討社福支出對認知社會資本的影響，實際上個人所接受的社福給付是一種資源，不僅影響個人對於社會關係的認知，亦可能影響個人是否參與社團活動。

　　來自個人稅收的國家福利資源，選擇性補助某些特定群體後，會使繳稅者認為受補助者是社會上較差的他者 (Spicker 1984, 25; Larsen 2007)。調查研究亦顯示和未受補助者相較，受補助者所感知到的污名

性顯著較高 (Spicker 1984, 31)。即使受補助者在所參加的活動中不一定會被辨識出其身分，但為了避免貧窮的污名性，烙印在自己身上，理性的受補助者將傾向選擇不參與集體活動，做為應對的策略。相對地，因為每個人皆有相同機會可得到一致性福利資源的援助，此種社福資源可降低個人為了因應緊急危難而將時間完全投入工作中，以賺取更多金錢的可能。

圖 1 顯示平均每人生活扶助給付與急難救助給付的變化，在平均每人生活扶助給付上，自 1992 年後此類給付便開始逐漸增加，1995 年與 2001 年為此類給付較高的時間點，同前所述，這分別與社會福利政策綱領制定與選舉政見落實有關。1993-1994 年期間的快速增加是因為生活扶助給付的增加，而非是低收入戶人數的減少，1994 年的給付金額約是 1993 年的 3 倍（內政部　2010）。自 2001 年後此類給付逐漸下降，至 2006 年後才又逐漸增加。2001 年以後人均生活扶助給付的降低或許和設算制度有關。透過縣市政府對低收入戶的直接監控，而非透過中央政府的監控，可減少社福資源的浪費與虛報情形。不過，即使設算制度使得平均每人生活扶助金額減少，因社會福利政策綱領的緣故，2001 年以後的人均扶助金額亦高於 1993 年。

在對照附錄一的情感性社團參與率後，可發現民眾參與情感性社團於 1992 年後增加至 1995 年，於 2000 年後下降，至 2002 年後才逐漸回升。這意謂著平均每人生活扶助給付趨勢和情感性社團參與率間似乎呈現正向著關係，和既有的選擇性福利給付會造成污名烙印，降低個人社會參與的論述不符。本書認為即使平均每人生活扶助給付與情感性社團參與數兩變項間具有正向關聯，在控制其他變項下，兩變項關係或許改變。因此，仍依既有文獻所描述的污名性作用 (stigmatization)，假設各縣市人均生活扶助給付與個人參與社團間具負向關係，意即選擇性社福資源對個人參與社團有不利的影響。

在平均每人急難救助給付上，亦是從 1992 年後逐漸增加至 1995 年，這仍是社會福利政策綱領制定所導致。1995 年與 2004 年為此類給付相對高點，呈現雙峰現象，至 2004 年後此類給付逐漸下降。由於設算制度中，設算基準並未包含急難救助項目，因此 2004 年此類給付的增加和設算制度無關，應受到其他因素的影響。將平均每人急難救助給付趨勢和表 3 中的兩類社團參與數相較，兩者間未有一致關係。雖然此類救助給付的總體資料與橋接式社會資本或許無關聯，但在縣市層次上，急難救助給付的多寡，或許是造成各縣市社團參與差異的主要因素。

　　從兩類社福資源給付量來看，2004 年的平均每人生活扶助給付與急難救助給付皆高於 1992 年，當福利資源可成為個人資源並可影響個人行為時，資源量增加意謂著對個人行為的影響亦隨之增加。相較於 1992 年，2004 年社福資源量的增加應會增強個人的社團參與行為。

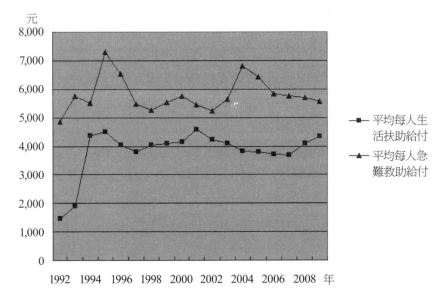

資料來源：內政部（2000；2010）。

圖 1　平均每人生活扶助給付與急難救助給付趨勢圖（1992-2009 年）

三、制度變遷對政治參與的影響

　　需再次說明的是，本節中所探討施政評價或制度信任對政治參與的影響，同前所述，並非是分析個人層次制度認知和政治參與間關係，而是從社會脈絡的角度觀察縣市層次施政評價或制度信任對政治參與的影響，意即個人政治行為會因為社會互動，而可能受到該縣市民眾所秉持的制度觀感所左右。張佑宗與趙珮如（2006）便指出處於不同氛圍下的少數，會更積極投給立場相近者，研究發現在較支持泛綠的政治環境中，泛藍選民較傾向投票給泛藍候選人，研究結果證實了不同環境脈絡對投票抉擇的影響。然而，縣市制度氛圍和政治參與間關係，仍有待了解。

（一）施政評價對投票的影響

　　選舉的是落實主權在民最好的工具，在自由、公平且競逐的選舉中，選民可藉由選票選出執政者並授予其統治國家的權力。而影響選民投票決並因素之一，便是施政評價的良窳，屬於理性抉擇學派的論點。藉著評估執政者所領導機構的制度表現，要求執政者為施政結果負責，此種課責性的投票行為又被稱為「回溯性投票」（Kiewiet and Rivers 1984; Malhotra and Krosnick 2007; 劉義周　2005；蕭怡靖與黃紀　2011），若特別著重在經濟表現的評價上，則被稱為經濟投票研究(Kiewiet and Rivers 1984)。選民投票抉擇的方向呈現出若現任政府表現好，則在下一次選舉中投票給屬於執政黨的候選人；若表現不佳，則選擇投給另外的候選人。

　　這代表著施政評價不僅如前所述，可形塑集體意識，影響各類型社會資本，亦左右個人投票行為。國外研究已發現對執政者的施政評價會影響選民的投票抉擇 (Berry and Howell 2007; Kiewiet and Rivers 1984; Malhotra and Krosnick 2007)。施政評價又可區分為對中央政府與對地方政府的施政評價，整理國內研究結果，顯示對中央政府施政評價影響選民在總統選舉中的投票抉擇，而不影響其他層次選舉的投票抉擇。個人對執政者所領導政府滿意度愈高者，投給執政者所屬政黨提名的候選人其可能性愈高（林聰吉與游清鑫　2009, 189；黃信豪　2005；鄭夙芬　2014）。但對於2009年雲林縣長、雲林縣鄉鎮市長選舉（蕭怡靖與黃紀　2011）或是2009年苗栗縣立法委員補選（蕭怡靖與蔡佳泓　2010），中央總體的施政評價皆無顯著影響。

　　以多層次分析的研究則顯示當選民所屬縣市對所陳水扁總統領導政府的評價愈高時，該縣市投給泛綠機會也愈高（黃信豪　2005），證實縣市內選民的理性思考亦會形成一股政治氛圍，左右著個人的投票抉擇。不過，即使證實個人層次與縣市層次的施政評價皆對總統選舉的投票抉擇有所影響，但處在施政評價較高的氛圍下是否亦影響立委投票行為，則仍無法得知。究竟是處在滿意中央政府表現的氛圍中，愈參與投票，抑或是處在愈不滿意的氛圍中，愈參與投票，則有待本研究來探討。

（二）制度信任對投票的影響

　　Hetherington(1999)回顧過去文獻後，指出信任政治制度對政治參與行為無影響力，因而轉向分析信任美國政府和投票抉擇間關係，研究發現在兩個候選人的選舉中，不信任政府者會支持非現任的大黨候選人。在三個候選人的選舉中，相同的選民則反而支持第三黨的候選人。國內研究也多依此邏輯探討在民主鞏固時期，信任政府對投票予泛藍或泛綠候選人的影響（陳陸輝　2006；陳陸輝與陳映男　2012）。Belanger與Nadeau(2005)以多項式邏輯迴歸法分析加拿大三次聯邦選舉的資料後，則發現愈信任政府制度的個人，其投給反對黨與不投票的可能性較投給執政黨的可能性為低。這些既有研究結果顯示出在已達民主鞏固的國家中，制度信任非是促成個人投票的因素，而對投票抉擇較有影響。

　　不過，在非民主國家的實證研究中，卻發現制度信任對偏向投票的政治參與指標有強烈的影響力，民眾愈信任政治制度愈可能投票，愈可能討論政治議題。在俄羅斯，多數民眾不信任各種政治制度，信任 Putin 總統者最多，為 31%，信任政黨者，僅 3% (Mishler and Rose 2005)。因為少數信任政治制度者認為政府能回應民眾需求，鼓勵民眾表達自身需求，故在非民主國家中，制度信任能促進個人投票行為。由於在民主化時期的台灣，許多民主制度尚未建立與鞏固，民眾的投票行為或許受到制度信任的影響，如同非民主國家的研究結果。在民主鞏固時期，政黨競逐制度已完善，故制度信任影響著個人投票抉擇，而不影響投票與否。

（三）社會福利給付對投票的影響

　　社福資源支出對政治參與的影響一直是歐美學者所欲探討的重點之一，Pacek 與 Radcliff(1995) 的跨國研究顯示，在福利支出較多的國家，公民知道即使處在經濟不佳的環境中，仍可以受到最低程度的社會福利保障，故減低了要政府改善經濟狀況而去投票誘因。Radcliff(1992) 以時間序列分析 29 國，則發現社會安全支出對投票率無顯著影響。研究結果的不同或許正如 Radcliff(1992) 所言，是因為未區分一致性與選擇性社福支出所造成。

　　後續研究從個人層次出發，將社福資源區分成兩類，依 Swartz 等人 (2009) 在美國所進行的研究結果，在控制個人社經背景、自我效能感與先前投票行為後，結果顯示接受選擇性政府福利補助者其參與投票的可能性顯著低於未接受者，但接受其他形式政府補助者，其投票行為與未接受補助者無顯著差異產生。[20] 這部分是因為受此類補助者所遭受的污名性較為明顯，周遭的人認為福利接受者拿了納稅人的錢，這種觀點在其所屬地區中已形成一種公共文化，或者說選擇性社福資源的發放

20　以政府發給貧民的食物卷做為較具選擇性補助的指標，而失業津貼與醫療補助者則視為其他形式的補助。在投票行為上，接受其他形式補助與否對投票參與無顯著影響。

區域會形塑歧視接受補助者的文化。

　　Lister(2007) 以家庭所得不平等做為福利制度作用的測量指標，研究 1963-1993 年 15 國的總體投票率，除了美、澳、日、加拿大以外，其他國家皆為歐洲國家。在控制其他制度變項後，研究發現所得愈不平等，投票率愈低。該研究指出一致性社福制度有助於降低不平等，提升凝聚力，進而提升投票率；反之，屬於資產調查式的選擇性社福制度 (targeted means-tested welfare system)，則不利於政治參與。在台灣，雖然社福資源補助的目的在促成經濟上的平等，但本文認為因台灣各縣市間的福利給付多寡不同，仍有差異存在。一些選擇性社福給付較多的縣市，或許亦產生歧視受補助者的文化，使得個人投票行為受到抑制。簡言之，政府欲以社福資源產生經濟上的平等，或許將產生政治參與上的不平等。此外，根據圖 1 顯示，在民主鞏固時期，民眾所能接受的兩類社福資源皆較民主鞏固前期為多，在社福資源影響個人投票行為的情況下，社福資源增加代表著對個人政治參與影響亦可能隨之增強。

　　Portes(2000) 從替代式的解釋論述出發，認為 Putnam 未控制外在變項，故社會資本與政治結果間的關係可能是虛假的。由此觀之，制度同時對社會資本和政治參與產生影響，也可能導致社會資本和政治參與間關係為虛假關係。本書以為必須將制度運作視為自變項，並將社會資本和政治參與變項同時放入分析模型中，方能確認制度與社會資本的獨立影響力。

第四節　政治參與的概念與情形

一、政治參與概念

　　政治參與往往被視為影響或企圖影響公共財貨分配的行為 (Booth and Seligson 1978)，因此，政治興趣、政治功效感等主觀上的心理傾向，是促成政治參與的要素，卻不包含在政治參與內容中。傳統的政治參與可被定義為企圖透過選舉以影響政府決定而採取的活動 (Verba and Nie 1972, 2)。而非傳統性政治參與則不著重在選舉過程上，個別或集體的行動可影響或企圖影響政治決策皆可被定義為政治參與行為（傅恆德 2003）。例如：請願、參與抵制活動、示威遊行、非法罷工或占領建築物等皆可視為政治參與的議題 (Klesner 2007)。

Weiner(1971) 則認為定義政治參與時，還必須注意自願性和競逐性選舉的重要性，專制體制下的強制性動員不等同於真正的政治參與行為，而選民只能選擇政府所推派的候選人，無其他選擇的可能，也不能算是真正的政治參與，政治參與應是自願性的參與行為。換言之，政治參與是個人或集體自願性的行為，其目的在於影響或企圖影響政策決定或公共財貨的分配。理論上，政治參與又可分為四種類型，即：公民主動接觸、合作活動、投票、競選活動，其中的投票行為和涉及集會與政黨的競選活動影響範圍較廣（袁頌西等　1983；郭秋永　1992），較可能影響政府決定，故以此兩類政治參與行為做為依變項。

若從代議民主和參與式民主來區分，傳統性政治參與屬於前者的範疇，公民投票則屬於後者的範疇。公民投票和傳統性政治參與活動最大的差異在於公民投票可實踐憲法所賦予的創制和複決權，而非僅是投票權而已，可彌補既有代議政治功能不足之處（林永吉　2005）。不過，和傳統的投票或競選活動相較，公民投票的投票時間不具規律性，在台灣 2004 年才舉行第一次全國性公民投票，代表在民主鞏固時期前，並無此類政治參與行為的存在，由於無法進行跨期比較，故不分析此類政治參與行為。

本書所欲探討的投票和競選活動，雖同屬選舉的參與，但仍有差異存在，不同處在於在競選活動中，公民參與的主動程度高於投票行為。且相較於單獨行動的投票行為，個人在競選活動中，可能透過和其他公民的互動，發展出某種合作行為，這或許會較單獨行動的投票行為更花費時間與物質成本。值得一說的是，投票行為的增加不代表參與競選活動就會增加，這是因為影響兩類政治參與因素並不同，因此難以加總在一起，以獲得有意義的整體數值（郭秋永　2000），是故，應將投票與競選活動視為不同面向的政治參與行為。

　　研究政治參與有何重要性？除了前述公民政治參與可給予改革派菁英政治上的支持，促使民主化順利推行外，使公民有同等機會表達政策偏好亦是民主程序中有效參與的重要內容 (Dahl 1989, 109)。透過各類政治參與，表達個人意見與政策偏好，使政府了解民眾需求，藉以改進自身，則可提昇民主運作的品質。因此，政治參與一直是國內外學者研究的重要議題。Dahl(1989, 324) 更指出國家應積極降低公民在政治參與能力與機會上的不平等，由於既有研究顯示福利制度與制度評價皆影響了政治行為（Lister 2007; Swartz et al. 2009; 林聰吉與游清鑫　2009, 189；黃信豪　2005），若能發現何種制度有利於促進投票或是參與競選活動，則政府能從制度面改善著手，這也將是本書的貢獻所在。

二、民主鞏固時期前後政治參與情形

　　在探討影響國內政治參與因素的研究前，有必要對我國民主鞏固時期前後的政治參與情況進行了解。在投票參與趨勢上，由圖 2 可知，除了 2012 年立委選舉投票率外，2000 年以前的選舉投票率，多數皆高於 2000 年以後的投票率。直轄市長選舉投票率從 1994 年的 80% 左右，逐漸下降至 2006 年的 65% 左右，至 2010 年小幅回升至 70%。縣市長選舉投票率則自 1993 年的 70% 左右，逐漸下降至 2009 年的 63%，無回升跡象。若不是 2012 年總統與立委合併選舉，提高立委選舉投票率（周育仁等　2012, 177），則立委選舉投票率亦呈現日益下滑趨勢。總統選舉也是從 2000 年後，投票率呈現下滑趨勢，即使有 2004 年公投與總統選舉合併舉行與 2012 年的二合一選舉，仍無法提升總統選舉投票率。[21]

21　由於台灣未實施不在籍投票制度，當選舉投票期間，身在海外或因執行公務而無法離開工作崗位者，將無法去投票，故理論上，施行不在籍投票制度可提高投票率（張世熒與樊中原　2010）。不過，由於此制度尚未施行，實際上能提升多少投

　　在競選活動方面，圖 3 顯示相較於其他年分，1993 年的參與率最低，其他年分的參與率皆在 13% 左右。這一方面反映出競選活動和投票為不同面向的選舉參與行為，因為競選活動參與率並未呈現出如投票率般逐漸下降的情形，競選活動參與率上升情形或許和選舉競逐性有關，因為在勝負不明情況下，會提高民眾參與競選活動比例（彭芸 2001）。二方面相較於投票行為，可以選擇參與時機與接觸對象的競選活動，個人的主動性程度較高，但因為需花費更多的時間與成本（郭秋永　1992），因此在調查上，競選活動參與率不及投票率（王靖興與王德育　2007）。在多數選舉投票率逐漸下跌與競選活動參與率低的情況下，是造成台灣被經濟學人智庫評比為低度政治參與的原因之一。[22]

百分比

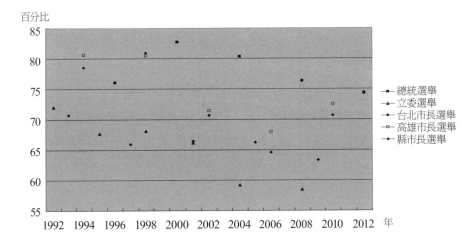

資料來源：政治大學選舉研究中心（2013）。
說明：由於直轄市、縣市長選舉與直轄市議員、縣市議員選舉幾乎為同時舉辦，投票率相
　　　近，故不顯示議員選舉投票率。

圖 2　民主化與民主鞏固時期投票率趨勢圖（1992-2012 年）

　　票率仍是未知狀態，故本書仍以政治參與的四種理論來解釋逐漸下降的投票率。
22　在構成政治參與問卷的 9 個題目中，投票率與涉入政治的競選活動是其中的 2 個
　　題目，其他題目為少數族群的政治發言權、婦女在議會比例、公民涉入政治程
　　度、群眾參與合法示威的比例、成人識字率、注意政治新聞的比例、政府當局努
　　力促成政治參與的程度。

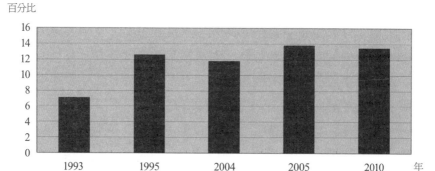

說明：以各期 TSCS 較常問到的參與競選集會或餐會活動做為觀察指標。資料分別來自瞿
　　　海源（1993；1995）、章英華與傅仰止（2005；2006）、章英華等（2011）。

圖 3　民主化與民主鞏固時期競選活動參與率情況（1993-2010 年）

第五節　影響國內政治參與因素的研究

　　影響政治參與的論點雖可分為個體資源論、政治態度論、社會資本論與制度論，相較於國外在社會資本對政治參與影響的研究 (Alesina and Giuliano 2011; Guillen et al. 2011; Ikeda and Richey 2005; Klesner 2007; 2009; Lee 2008; Lorenzini and Giugni 2012; Putnam 1995)，或是制度對政治參與影響的研究上 (Lister 2007; Swartz et al. 2009)，國內對投票或競選活動的研究，多著重在個體資源論與政治態度論的探討上，研究變項多包含個人社經背景與政黨認同（王嵩音　2006；吳俊德與陳永福　2005；吳重禮等　2006；崔曉倩與吳重禮　2011；張佑宗　2006；張佑宗與趙珮如　2006；彭芸　2001；黃秀端　1995；楊孟麗　2003；蔡佳泓　2001；蕭怡靖與蔡佳泓　2010）。雖然本書欲探討的立委選舉投票行為，為單記非讓渡投票制下的投票行為，不同於總統選舉或是縣市長選舉所代表的單一選區相對多數決下的投票行為，但是國內既有研究仍提供一個重要的參考依據，可從先前研究中了解影響選舉活動的共同因素，做為預測變項。

　　歸納上述國內研究，多數研究指出教育程度愈低、年齡愈長與有政黨認同者，愈參與投票，代表教育程度、年齡與政黨認同較能夠預測投票行為。在競選活動上，不論是總統選舉競選活動或是立委選舉競選活動，多數研究發現年齡愈長、收入較高與有政黨認同者，愈參與競選活動，性別與族群並無法預測個人參與中央層級或地方層級選舉期間所從事的政治活動。

　　在國內社會資本與政治參與關係的研究中，吳乃德（2004）以捐錢給政治團體或擔任政治團體義工做為政治涉入的測量，故研究結果無法推論至投票或競選活動上。林聰吉與楊湘齡（2008）合併競選活動與非傳統性政治活動共十六類活動做為政治參與的指標，研究發現參與社會團體數量愈多，政治參與可能性愈高，該研究結果仍無法推論至投票或競選活動上。蔡佳泓（2001）以參與團體與否做為1994年省長選舉和1996年總統選舉投票的預測變項，在該研究資料中，從未參與社團者達71%，分析結果顯示參與團體與否在投票上無顯著差異。若和熊瑞梅等（2010）調查1995年約52%的人未參與社團的比例相較，該研究不參與社團數偏高，資料的偏誤或許影響研究結果。

　　相較於這三種橫斷面研究，楊孟麗（2003）以多層次模型分析六次選舉的資料，研究則發現愈參與社團，個人愈可能投票。不過，該研究依變項的測量是請受訪者回憶五、六年前是否投票與之後是否投票，故有選擇效應存在，不熱衷政治參與者，較可能拒答。若能在不同時期，發現影響政治參與的共同因素，則更能確認社會資本的作用。

　　此外，上述既有研究皆為單一層次的分析研究，即以個體層次變項來預測個人行為。黃信豪（2007）便建議未來研究可以多層次模型分析個人所處縣市脈絡對投票行為的影響，以了解縣市脈絡的作用。總言之，這些國內既有研究主要探討的是橋接式社會資本對政治參與的影響，但是對於各縣市制度、社會資本和投票行為間關係，仍處於未知狀態，亦不清楚縣市制度對社會資本或競選活動作用是否隨時間增強或減弱。

Chapter 3

第三章
研究設計

第一節　概念架構

　　為確認各變項的獨立影響力，分析模型中將加入和中介變項或依變項有關的控制變項，以避免變項間虛假相關的產生。在總體層次上，將控制大專教育以上人口比例、農家人口比例與選區規模的作用。由於 Thomson(2005) 指出都市化破壞個人與親密團體間的聯繫，使個人較為疏離，而居住在都市與否則影響個人的投票 (Harder and Krosnick 2008)，代表各縣市都市化程度與社會資本、政治參與間有關，應將都市化作用加以控制。傳統上，都市化是以地區社經地位與農業人口比做為測量（周碧娥　1981）。因教育可增加對局外人的認知，並獲得了政治參與所需的知識 (Fukuyama 2001; Portes 2000)，本書將以各縣市大專以上教育程度做為社經地位的測量依據。教育程度愈高的地區，社團參與和政治參與行為可能愈高。在農業人口的影響方面，國民黨為鞏固地方統治，會在農業人口較高地區，透過地方農會組織，進行人際組織的動員，產生動員式投票（陳明通　1995；蕭怡靖　2008），農業人口比例愈高縣市，或許會增加個人投票的可能。

　　選區規模亦同時與中介變項和依變項有關。當一區域應選席次愈多，代表區域人口數愈多。[1] 人口數愈多時，一方面可能造成人際關

1　依中華民國憲法第 64 條規定與 1991 年中華民國憲法增修條文第 2 條規定，立委應選席次隨選舉地區人口數而有所增減。

係的疏離，另一方面亦可能因人口多，異質性大，個人有更多機會與其他相同特質的人，組成次文化群體（黃厚銘與林意仁　2013），是故區域人口數和社會資本間關係尚無定論。選區規模對於投票行為的作用則可能是透過三方面的影響機制，對政黨而言，最低門檻得票數為 $[V/(N+1)]+1$，[2]當選區規模愈大，應選席次愈多時，會使得候選人所需選票比例顯著降低（王鼎銘　2011）。當候選人所需選票降低時，可增加政黨動員選民投票的意願，以擴大政黨占有席次。

其次，在立委選舉制為複數選區單記非讓渡投票制下，具有選區應選席次大於 1 且選票不可讓渡的特性，政黨為使席次極大化，且在預估可能獲得選票不明的情況下，通常會提名多位候選人而有過度提名現象（王鼎銘　2011；李柏諭　2006；盛治仁　2006），加上實際當選門檻較理論安全門檻為低（王業立　2006, 95），故相較於單一選區相對多數決制，立委選舉制度的結果會造成多黨競逐情況（李柏諭　2006）。最後，就選民而言，在小黨與大黨同時競逐下，小黨的支持者有較高動機投票，而非在兩大黨對決中選擇策略性投票或是放棄投票 (Freire et al. 2012)，實證上亦顯示選舉規模對投票行為有顯著影響 (Freire et al. 2012; Stockemer 2012)。

在個人層次控制變項上，國內外研究顯示性別、年齡、教育程度、收入與族群為影響個人政治參與的社經背景因素，其中的教育程度和收入更是用來檢證個體資源論的重要變項。同樣地，這些因素也是預測社會資本的重要變項（Christoforou 2011; Guillen et al. 2011; Krishna 2007; 吳乃德　2004），故視為控制變項。政黨認同為政治態度論中影響政治參與重要的社會心理變項，甚至是投票決定最重要的因素（吳重禮與許文賓　2003）。此概念來自密西根學派的創見，代表著對特定政黨的忠誠感，屬於相當穩定但絕非不變的政治態度 (Campbell et al. 1960, 146)。在密西根學派漏斗狀因果模型分析中，政黨認同的影響機制在於

2　V 為選區有效票數，N 為選區應選席次。

不同社經背景、意識型態的選民可透過對特定政黨的認同而轉化成具政治意涵的投票行為，選民對特定候選人與政見的偏好，亦受政黨認同的調結影響，增強或改變對投票的決定（徐火炎　1991）。

　　政黨認同代表著個人的政治態度，是解釋政治參與的重要因素。國內研究顯示在投票上，和獨立選民相較，有政黨認同者愈參與總統選舉投票（吳俊德與陳永福　2005；崔曉倩與吳重禮　2011；張佑宗 2006），也愈參與立委選舉的投票（蕭怡靖與蔡佳泓　2010）。在競選活動上，有政黨認同者，愈參與 2001 年縣市長暨立法委員選舉的競選活動（吳重禮等　2006），愈參與省市長的競選活動（黃秀端　1995），也愈參與 2008 年總統選舉的競選活動（崔曉倩與吳重禮　2011）。由此可見，政黨認同雖對社會資本無影響，但對各類型選舉活動皆有所影響，因此有必要視為控制變項。

　　根據集體意識形塑說、資源挹注說與資源取代說，本書的研究架構是將制度變遷當成自變項，三種類型的社會資本為中介變項，其中的橋接式社資，分成情感性社團與工具性社團參與以進行測量，以探討何種社團規範影響個人的政治參與。投票行為和競選活動則視為依變項，並在分析中加入重要的控制變項，以控制個體資源論與政治態度論的影響（見圖 4），最後合併兩年度資料，以觀察制度變項在不同時期的作用。而在進行影響政治參與要素的分析時，並加入社團內資源此一資源變項，以更清楚了解結合式社資、聯繫式社資與團體內資源異質性對政治參與行為的作用。

　　同前所述，因施政評價和制度信任間、社團參與和團體內資源異質性間有多元共線性問題，故不同時放入分析模型中。在分析模型上，自變項為縣市層級，中介變項與依變項為個人層次，為多層次中介模型中的 2-1-1 模式（溫福星與邱皓政　2009b），藉以檢視制度運作透過社會資本的中介間接預測個人政治參與的效果。

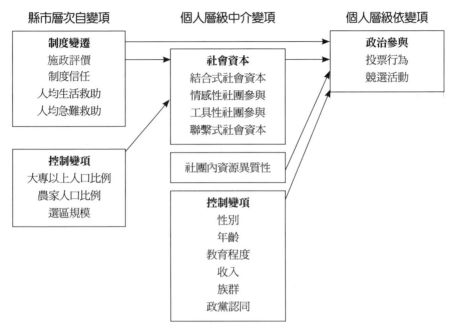

圖 4　制度變遷、社會資本和政治參與間關係之分析架構圖（路徑分析模型）

第二節　資料蒐集

　　在個體層次資料上，以 1993 年 TSCS（問卷二）與 2005 年 TSCS（問卷一）為主，內容包含政治行為與社會參與等，問卷題目符合本研究意旨。在總體層次上，資料部分來自 1992 年與 2003 年意向調查資料中個人對制度表現評價分數所聚合而來，即脈絡變數。[3] 部分來自 1992 年與 2004 年各縣市政府所提供資訊，如：1992 年台灣省各縣市重要統計指標、2004 年各縣市內政統計指標、1992 年台北市統計要覽、1992 年高雄市統計年報，部分則來自政治大學選舉研究中心資料庫，為縣市層級的解釋變數。採用前一年資料而非同年度資料，原因在於因果時序

3　2004 年意向調查資料並未包總體層次的解釋變項含，故使用時序上較接近的 2003 年 12 月 24 日所蒐集的資料，運用 2003 年總體層次自變項來預測個人是否參與 2004 年 12 月立委選舉的投票。

上，前一年的制度變項應可預測之後的投票行為與競選活動。至於個體層次變項測量與其問卷內容請詳閱附錄三，[4] 各縣市總體層次資料請參見附錄四與附錄五，分析樣本特徵之描述摘要請參見附錄六。

綜言之，透過上述資料與方法回答在民主鞏固前後時期，影響台灣民眾社會資本與政治參與的因素，問題可分區為：一、各類型社會資本分布情形？社團內資源異質性的分布情形？影響各類型社會資本的因素為何？除了個人社經資源外，各縣市民眾對制度的認知與各縣市所提供的社福給付是否有其作用？二、各類型社會資本與社團內資源異質性是否影響個人的投票行為與競選活動？三、各縣市制度變項對於個人政治參與是否有獨立影響力？是否也透過社會資本間接影響政治參與？意即是否有多層次中介作用存在？四、在民主鞏固時期，縣市制度認知氛圍與社福資源給付對社會資本與政治參與作用是否增強？

1993 年 TSCS 對台灣地區年滿 20 歲以上至 64 歲者進行抽樣，2005 年 TSCS 則以 18 歲以上者為研究樣本，由於年齡範圍不同，為跨期比較，以 20 歲（含）以上至 64 歲者做為研究對象。TSCS 使用多階段分層等機率抽樣方式選取樣本，以鄉鎮市區為第一抽出單位，最後再隨機抽出村里中的個體。詳細問卷設計過程、抽樣原則與資料檢核等載於 TSCS 計劃第二期第四次調查計劃執行報告（瞿海源　1993）與第五期第一次計劃執行報告中（章英華與傅仰止　2006）。排除不住在戶籍地與身心障礙無法溝通者後，兩期資料的完訪率分別為 51% 與 52%，20 歲（含）以上至 64 歲調查樣本則分別為 1,963 人與 1,786 人。

在排除未完整回答樣本，有效樣本分別為 1,736 人與 1,560 人。有效樣本中的性別與年齡分別和內政部 1993 年和 2005 年 20 歲（含）以上至 64 歲人口母體相較，1993 年樣本分布與母體無顯著差異，2005 年的樣本年齡分布則與母體有顯著差異，依章英華與傅仰止（2006）

4　由於社團內資源異質性測量方式較為複雜，並非直接來自單一問卷題目，故不放置在附錄三中，將如同 Son 與 Lin(2008)，將此變項放置於測量一節中進行說明。

058 制度變遷、社會資本、政治參與──三者之間的關係

建議採取加權處理，加入加權數值後 (weight)，該期樣本年齡與母體間已無差異，表示兩期分析樣本皆具代表性（性別卡方檢定 p 值各為 .27 與 .77，將年齡區分為 20-29 歲、30-39 歲、40-49 歲、50-59 歲和 60-64 歲的卡方檢定 p 值各為 .15 和 .84，資料未顯示於表中）。在遺失值方面，兩個年度樣本遺失值約占 10%，遺失部分主要來自政黨認同，分別約占 6% 與 9%，兩期樣本中未回應者與完整回答者在投票與競選行為上未有顯著差別（投票卡方檢定 p 值各為 .43 與 .26，競選活動方檢定 p 值各為 .85 與 .49，資料未顯示於表中），故未回應者所造成的遺失應不影響研究結果。

第三節　多層次分析法

一、多層次分析的理論

　　理論上，個人行為不僅受到個人層次特質所影響，亦受到上層結構所制約。宋學文（2008）從建構主義觀點說明結構如何被建構與個人行為如何受到結構制約的動態過程，從結構制約層次來看，文化結構層次是透過社會互動層次來影響個人的行為，即文化規範是透過個人彼此間的相互學習與相互影響，進而改變或加強個人既有理念或行為。若此論點屬實，個人層次外的因素皆可能透過社會互動或相互學習方式對於個人行為產生影響。然而，根據既有文獻，檢驗個人投票行為是否受到家戶層次、鄰里層次、選區層次與行政區層次的影響時，英國的研究顯示控制各層次相關變項後，證實行政區間投票行為的變異並不顯著，投票行為變異主要來自個人、家戶、鄰里與選區間 (Johnston et al. 2007)。美國的研究則探討個人層次、州層次與時間層次正確投票的變異程度，在控制各層次預測變項後，在個人與州層次間的變異依舊顯著 (Lau et al. 2008)。

　　在台灣，究竟應該以何種層次來分析影響個人投票行為的因素？先

從選制進行說明，英國議會選舉制度是在行政區內劃分成許多選區，每一選區只選取一名議員，採用單一選區簡單多數決制 (first-past-the-post election system)，台灣的立委選舉係採複數選區單記非讓渡投票制，這代表立委選區範圍廣於英國的選區。就 1992 年立委選舉而言，29 個選區幾乎等同於縣市行政區，僅多出平地原住民、山地原住民、台北市第二選區與高雄市第二選區。2004 年立委選舉的選區雖稍微增加至 31 個選區，但多數選區仍屬於縣市行政區。由此可知，縣市單位如同選區一般，是重要的分析單位。若以近似於州概念的省來劃分，則省級層次過少，省級間將欠缺變異性。當然，仍不可忽略家戶與鄰里層次的影響。不過，因為立委選舉時，選區範圍較廣，縣市間投票行為的變異或許較為明顯，故國內研究多以縣市層次做為檢視社會或政治脈絡影響力是否存在的依據（吳重禮、譚寅寅與李世宏　2003；黃信豪　2005；2007；蕭怡靖與黃紀　2010）。

吳重禮等（2003）以縣市區隔來證實賦權理論，發現國民黨執政愈久的縣市，選民支持民進黨立法委員候選人可能性較低。然而，該研究並未探討縣市層次投票行為的變異。黃信豪（2007）分析四個縣市投票行為的差異後，則發現候選人評價與中央施政評價等因素因不同縣市脈絡而有增強或減弱情形，突顯出在不同縣市脈絡中，個人對政治制度認知或許藉由個人間相互影響過程，產生一種政治脈絡，影響個人行為。在不同縣市中，中央施政評價對投票行為影響的差異，是縣市間因果異質性的表徵，[5]將中央施政評價聚合至縣市層次上，不僅可避免縣市間因果異質性產生，更能了解選民所處的社會或政治脈絡對其政治參與的影響。

除了理論文獻的支持外，以縣市層次而非鄰里或是家戶層次做為第

5　研究者選取不同縣市做為比較單位，並分析各縣市中個人層次中央施政評價對政治參與的影響，若發現在不同縣市中，個人層次中央施政評價對政治參與的影響方向不同時，便稱為縣市間因果異質性，這是比較單位與分析單位不同所致（黃信豪　2007）。

二層次分析單位，亦有方法上的意義。就多層次分析而言，第二層樣本數應是愈多愈好。依內政部（2000；2010）統計數據，1992 年與 2004 年村里數皆在 7,000 個以上，家戶數則在百萬以上。即使實際抽樣村里數分別為 92 個與 88 個，不過，在研究有效樣本不到 1,800 個前提下，當模式愈複雜時，以村里做為分析單位，統計檢定力或許將有所不足（溫福星與邱皓政　2009a）。若以家戶做為分析單位，平均每組觀察值又將減少至不足 1 個，將嚴重影響研究結果的正確性。是故，就方法上而言，以縣市做為分析單位較為適當。

　　採用多層次分析法的實證研究已發現個人投票抉擇會因不同選區環境而有顯著差異（黃信豪　2005；2007；蕭怡靖　2008；蕭怡靖與黃紀　2010），代表各地區間的投票行為非是同質的，採取多層次分析法方可避免型 I 類錯誤發生，並了解相較於個人層次的社會資本，縣市層次非正式制度與正式制度對政治參與的影響力。意即使用多層次分析法，雖無法得知各層次變項權重，卻可由其估計參數影響力大小了解該層次變項的相對影響力，之後，政策執行者便可依其影響力多寡，來訂定相應政策的優先順序。

　　傳統上，政治參與行為的研究多以單一個體層次資料做為分析，這是假定在個人所處的社會脈絡皆為相同的前提下。若個人的政治參與行為隨不同脈絡而有顯著差異，且同一脈絡的政治參與行為較為相似時，因為違反一般線性迴歸分析所要求的獨立性與同質性的假設，所估計到的迴歸係數標準誤因此會被低估，使變項易達到顯著，而犯了統計檢定上的型 I 類錯誤（劉子鍵與陳正昌　2003, 423），換言之，會發生當虛無假設 (H0) 為真，分析結果卻棄卻虛無假設的錯誤。有些研究以個體為分析單位，但為避免型 I 類錯誤的發生，以虛擬變數方式將不同國家納入分析模型中 (Christoforou 2011)。不過，這樣的處理仍無法了解總體層次解釋變數對個人層次依變項的作用。

　　多層次分析法又被稱為階層線性模型 (HLM)，是用來分析個體和總體層級隸屬關係的方法，可同時了解個體層次與總體層次變項的影響力，並能透過變異數來分析內屬關係的組內相關 (intraclass correlation coefficient, ICC) [6]，由於 ICC 存在時，代表已違反一般線性迴歸的獨立性假設，若 ICC 大於 .059 時，更不可忽視組內相關的存在（溫福星與邱皓政 2009a）。在此時，應以多層次方法進行分析，因其分析模型具有兩項優點，一是可彌補樣本非獨立性，違反多元迴歸分析基本假設的問題，二是提供總體層次解釋變項對依變項影響的研究架構（謝俊義 2010, 4）。

二、分析方法

為了解制度變項是否透過社會資本進而影響政治參與，在政治參與為二分變項下，採多層次邏輯迴歸分析模型。模型上採隨機截距模型 (random-intercept model)，即截距變異量視為有隨機效果 (random effect)，藉由變異量 (variance component) 變化可知依變項平均值（即截距）在縣市間變動程度，也可得知解釋變項對變動的解釋程度。若隨機變異量未達顯著，代表在縣市間變動無差異，可用一條迴歸線來表達解釋變項與依變項間關係，即可用一般邏輯迴歸來分析，但若隨機變異量達顯著差異，表示縣市間差異不能使用一般邏輯迴歸求解，因各組迴歸線間有明顯差異，此時可藉由多層次分析找出各層次變項的影響力。

在 1993 與 2005 年所分析的縣市分別為 19 個和 17 個，[7] 但要獲得跨層級交互效果的檢定力，至少要 20 個組數，最好是 30 組以上，每組至少有 30 個樣本。因為當組數較少時，會低估隨機成分或影響參數的估計值（溫福星與邱皓政 2009a），故不分析跨層級間的交互作用，意

---

6 ICC 反映出在隨機同一環境下隨機選取成對個體的相關性，亦可代表團體之間的變異。

7 2005 年 TSCS 抽樣調查 17 個縣市，和 1993 年所調查 19 個縣市相較，2005 年的調查欠缺新竹市、台南市、雲林縣與南投縣四縣市的資料，但增添了宜蘭縣和嘉義市兩縣市的資料。

即不分析縣市層次制度變項與社會資本間的交互作用對依變項的影響，以分析研究變項的直接作用與間接效果為主。

　　二方面，為探討縣市層次制度變項對社會資本與政治參與的影響是否因時間變遷而增強或減弱，將合併兩年度的資料，分析上則仍採多層次邏輯迴歸分析模型。這不同於一個時間點的分析模型，因為模型中除了既有變項外，尚包含時間變項和時間、縣市層次變項間的交互作用，以分別檢視縣市層次變項、時間變項與兩變項間交互作用的效果。兩個年度中，相同的縣市資料為 15 個，詳細資料見附錄四與附錄五。[8] 同樣地，為驗證社團參與對政治參與的影響力是否隨時期而改變，亦將合併兩年度個人層次的資料，以檢驗社會資本和時間變項的交互作用，所使用的分析法為邏輯迴歸分析。由於主要是驗證假設 2-12 與 2-13 的論述，故在模型中將不放入社團內資源異質性與時間變項的交互作用。

　　分析層次上，以縣市層次做為第二層次分析單位，除了上述理論與方法上的意義外，也在於資料的侷限與研究結果的可對照性。因為多數社會調查是以縣市為單位，較少以鄉鎮做為調查單位。即使有鄉鎮方面資料，其所抽樣鄉鎮不一定與 TSCS 所抽樣的鄉鎮相同，當抽樣鄉鎮不一致愈大時，如此一來，以鄉鎮做為分析單位的結果便會造成遺失值過多的情況。國內現有的多層次分析仍多以縣市做為分析單位，雖然這些研究並未涉及到制度作用的分析，但這些研究所分析的縣市施政評價與農業人口比例對投票抉擇的影響，仍可做為本研究結果參考的依據。

　　為獲得較佳估計值，分析方法使用限制資訊的最大可能性估計（restricted maimum likelihood，簡稱為 RML，又稱為殘差式最大可能性估計），此方法和其他方法相較，在組數較小的時候，考量迴歸係數為未知的，可得到較好的估計值（謝俊義　2010, 6）。也為了避免共

　由於相同的分析縣市為 15 個，合併兩時期的分析資料，將使得原有的 1993 年資料增加 9.6% 的遺失值，2005 年資料增加 7.6% 的遺失值。15 個縣市包含：台北縣、桃園縣、新竹縣、苗栗縣、台中縣、彰化縣、嘉義縣、台南縣、高雄縣、屏東縣、花蓮縣、基隆市、台中市、台北市與高雄市。

線性問題，模型中所研究的縣市層次與個人層次變項皆採總平減方式
(grand mean centering) (Mathieu and Taylor 2007)，意即使所有人皆減去
同一個平均數，除了截距數值不同外，其他參數估計值皆與原始資料所
得到的結果相同。由於制度評價與制度信任皆屬個人對制度的主觀認知
態度，兩者相關性過高（r值為 0.8 以上），為避免多元共線性產生，因
此在分析模型中，將制度評價與制度信任分開置入模型中，藉此也分別
了解此兩種非正式制度的作用。

三、分析步驟

為了解社會資本的中介作用，意即制度變項是否透過各類型社會資
本進而影響政治參與，本研究參考 Baron 與 Kenny(1986)、溫福星與邱
皓政（2009b）和陳俊瑋（2010）對於多層次中介效果的建議與研究，
分成四個步驟進行分析，分析步驟如下說明：

步驟一：總體層次解釋變項對個體層次依變項的預測效果

在步驟一中，加入個體層次控制變項，而不放入個體層次中介變
項，當總體層次解釋變項對依變項有顯著影響，即 r_1^a、r_2^a 和 r_3^a 達顯著
性時，這代表著各縣市執政評價、制度信任、生活救助支出和急難救助
支出對個人投票或是競選活動參與達顯著性時，才能進行之後的分析。
在此假設 $\text{Log}(\frac{\varphi_{ij}}{1-\varphi_{ij}})$ 呈現 Bernouli 分配，具獨立性。u_{0j} 則假設為常態
分配，其期望值為 0，變異數為 σ_u^2，而個體或縣市層次自變項與誤差
項間相互獨立，共變異為 0。多層次線性迴歸模型中的個體與縣市層次
誤差項亦相互獨立，共變異為 0。多層次模型中的個體層次可寫成：

$$\text{對依變項預測的勝算比 } \eta_{ij} = \text{Log}(\frac{\varphi_{ij}}{1-\varphi_{ij}}) = \beta_{0j} + \beta_{2j} X_{ij} \quad\quad (1)$$

其中 $\varphi_{ij} = \frac{1}{1+\exp(-\eta_{ij})}$ ；i= 個人；j= 縣市；φ= 分別為投票或競選活
動參與；$\frac{\varphi_{ij}}{1-\varphi_{ij}}$ = 投票或競選活動參與機率相較於未投票或競選活動參與
的相對機率比；φ_{ij}= 預測投票或競選活動參與的機率；β_{0j} = 第一層次截

距；β_{2j} = 個體層次控制變項的估計係數；X_{ij} = 個體層次控制變項 。

總體層次可寫成：

$\beta_{0j} = r_0 + r_1^a$ 執政評價 (制度信任)$_j$ + r_2^a 人均生活扶助 $_j$ + r_3^a 人均急
難救助 $_j$ + r_4^a 大專以上人口比 $_j$ + r_5^a 農業人口比例 $_j$ + r_6^a 選區
規模 $_j$ + u_{0j} ·· (2)

r_{00} = 第二層次截距，代表各縣市投票或競選活動參與的平均程
度；r_1^a、r_2^a、r_3^a、r_4^a、r_5^a 與 r_6^a，分別代表在不加入任何中介變項時，
總體層次解釋變項對個人投票或是競選活動參與的影響力，其中大專以
上人口比、農業人口比例與選區規模為控制變項；u_{0j} = 第二層次隨機效
果，代表投票或競選活動參與隨著不同縣市而變動的程度。將方程式
(1) 和方程式 (2) 合併，可寫成以下式子：

對依變項預測的勝算比 $_{ij}$ = $r_0 + r_1^a$ 執政評價 (制度信任)$_j$ + r_2^a 人均
生活扶助 $_j$ + r_3^a 人均急難救助 $_j$ + r_4^a 大專以上人口比 $_j$ + r_5^a 農業人
口比例 $_j$ + r_6^a 選區規模 $_j$ + $\beta_{2j} X_{ij} u_{0j}$ ···························· (3)

步驟二：總體層次解釋變項對個體層次中介變項的預測效果

步驟二檢視總體層次解釋變項對個體層次中介變項的影響，中介變
項分別為結合式社會資本、情感性社團參與、工具性社團參與和聯繫式
社會資本。方程式 (3-1) 為預測個體層次中介變項的迴歸方程式，(3-2)
則為預測個體層次中介變項的邏輯迴歸方程式；方程式 (4) 則加入總體
層次解釋變項，只有當迴歸係數 r_{01}^b、r_{02}^b 或 r_{03}^b 達顯著性時，才能進
行步驟三的分析。

對結合式社會資本或聯繫式社會資本的預測值 $_{ij}$ = $\beta_{0j} + \beta_{2j} X_{ij} + \varepsilon_{ij}$
··· (3-1) [9]

9　在此假設 (1) ε_{ij} 為獨立且服從以 0 為平均數，σ^2 為變異數的常態分配。(2) u_{0j} 為獨
　　立且服從以 0 為平均數，τ_{00} 為變異數的常態分配。(3) ε_{ij} 和 u_{0j} 相互獨立。

ε_{ij}= 個體層次殘差值

對情感性社團參與或工具性社團參與預測的勝算比 $_{ij} = \beta_{0j} + \beta_{2j} X_{ij}$

$$\cdots\cdots (3\text{-}2)$$

$\beta_{0j}=r_0 + r_1^b$ 執政評價 (制度信任)$_j$ + r_2^b 人均生活扶助 $_j$ + r_3^b 人均急難救助 $_j$ + r_4^b 大專以上人口比 $_j$ + r_5^b 農業人口比例 $_j$ + r_6^b 選區規模 $_j$ + u_{0j}

$$\cdots\cdots (4)$$

步驟三：個體層次中介變項對個體層次依變項的預測效果

步驟三以隨機係數迴歸模式分析個體層次中介變項對個體層次依變項的影響，在此的中介變項即為社會資本，包含：結合式社會資本、情感性社團參與、工具性社團參與、聯繫式社會資本和社團內資源異質性。方程式 (5) 為以中介變項預測依變項的邏輯迴歸方程式，方程式 (6) 為方程式 (5) 的截距項 (β_{0j}) 迴歸方程式，方程式 (7) 為方程式 (5) 斜率項 (β_{1j}) 的迴歸方程式。[10] 中介變項的迴歸係數估計值 (r_{10}^a) 必須達到顯著水準，才繼續進行步驟四的分析。

對依變項預測的勝算比 $_{ij}=\beta_{0j} + \beta_{1j}$ 中介變項 $+\beta_{2j} X_{ij}$ $\cdots\cdots (5)$

$\beta_{0j}=r_0 + u_{0j}$ $\cdots\cdots (6)$

$\beta_{1j} = r_{10}^a + u_{1j}$ $\cdots\cdots (7)$

---

10 在此為隨機斜率模型，代表社會資本對依變項的作用隨縣市而不同。由於實際上社會資本對政治參與的作用幾乎不隨縣市不同而有差異（見附錄七與附錄八），其結果和第四步驟中的完整模型結果近乎相同，為簡化分析表格，結果將呈現於附錄七與附錄八中。

步驟四：分析總體層次解釋變項和個體層次中介變項對個體層次依變項的預測效果

在步驟四中，檢視總體層次解釋變項對依變項的影響，是否因為社會資本的加入而有所不同。方程式 (8) 為預測個人投票或競選活動參與的邏輯迴歸方程式，包含個體層次控制變項和中介變項社會資本，方程式 (9) 為方程式 (8) 截距項 (β_{0j}) 迴歸方程式，包含總體層次解釋變項，其迴歸係數 (r_1^c, r_2^c, r_3^c) 為總體層次解釋變項對個體層次依變項的預測效果。方程式 (10) 為方程式 (8) 斜率項 (β_{1j}) 的迴歸方程式，為固定效果，β_{1j} 代表中介變項社會資本對依變項的係數估計值。若 r_1^c、r_2^c、r_3^c 的估計值未達顯著性，而 r_{10}^b 卻仍維持顯著時，代表社會資本對個人投票或競選活動參與扮演著「完全中介」的角色；若 r_1^c、r_2^c、r_3^c 的估計值達顯著水準，其值卻小於步驟一的 r_1^a、r_2^a、r_3^a 時，則代表中介變項社會資本對依變項扮演著「部分中介」的角色。

對依變項預測的勝算比 $_{ij} = \beta_{0j} + \beta_{1j}$ 中介變項 $+ \beta_{2j} X_{ij}$ ⋯⋯⋯⋯⋯⋯⋯ (8)

$\beta_{0j} = r_0 + r_1^c$ 執政評價 (制度信任)$_j + r_2^c$ 人均生活扶助 $_j + r_3^c$ 人均急難救助 $_j + r_4^c$ 大專以上人口比 $_j + r_5^c$ 農業人口比例 $_j + r_6^c$ 選區規模 $_j$ $+ u_{0j}$ ⋯⋯⋯⋯⋯⋯⋯⋯⋯⋯⋯⋯⋯⋯⋯⋯⋯⋯⋯⋯⋯⋯⋯⋯ (9)

$\beta_{1j} = r_{10}^b$ ⋯⋯⋯⋯⋯⋯⋯⋯⋯⋯⋯⋯⋯⋯⋯⋯⋯⋯⋯⋯⋯⋯⋯⋯⋯ (10)

考慮本書章節安排，分析時會將步驟一與步驟二的順序互換，其他步驟則相同，步驟互換並不影響分析結果。

第四節　假設內容

一、社會資本的作用

由於既有文獻已指出橋接式社資的作用，故在此假設內容以檢證另兩類社會資本的作用為主。在結合式社資方面，儒家文化重視家族的傳統，即使面臨現代化，亦無太大改變。但這樣的家族文化並非與他人互動的阻礙因素，由於現代性和傳統性價值觀並存，和 1990 年以前相較，個人與他人互動，已不限於五倫範圍內（黃光國　1995）。實證研究亦發現結合式社資有利於競選活動參與（黃秀端　1995），故在現代社會中，結合式社資與競選活動參與間應有正向關聯。在社團內資源異質性方面，同前所述，由於公民參與需要一定的資源，社團內可接觸資源可提供社團參與者一定的協助，故兩者間應具正向關聯。在聯繫式社資方面，本書指出侍從主義是聯繫式社會資本對個人投票行為的解釋機制，過去常從地方派系角度切入（王金壽　2004；2006；陳明通與朱雲漢　1992），在此則從個人角度來觀察。就侍從主義邏輯而言，村里長平時與特定個人（椿腳）互動，並提供資源。在選舉時，則藉由買票來動員椿腳。雖然買票並不能達成所預期結果，買票程度與投票支持度存有落差 (Wang and Kurzman 2007)，但至少說明了聯繫式社會資本愈多的個人，參與投票的可能性愈大。至於此類社會資本是否促使公民參與競選過程，因欠缺解釋機制，故本文不對兩者關係進行假設。

　1-1：個人所擁有的結合式社資愈多，愈可能參與競選活動。
　1-2：個人所接觸到的社團內資源異質性愈高，愈可能參與競選活動。
　1-3： 個人所擁有的聯繫式社資愈多，愈可能投票。

二、制度變遷的作用

在社團參與影響上，基於集體意識形塑說，對中央政府評價愈滿意，個人的橋接式和聯繫式社資愈多 (Szreter 2002)。然而，由於現代化的影響，個人愈傾向個人自由，儒家文化中重集體、輕個人的價值觀逐漸被改變（黃光國　1995），故相較於 1993 年，2005 年縣市執政評價氛圍對社團參與的影響應減弱。而依既有文獻所述，制度信任與社團參與間無直接關聯，一致性社福資源能提高社會信任與凝聚力，有利於社團參與；相反地，選擇性社福資源，或許使個體更依賴國家資源，產生資源取代效果，使得個人不想參與社團活動。由於在民主鞏固時期，人均社福資源量皆多於民主鞏固時期以前，筆書認為資源量增加應會增強對個人行為的影響，據此，假設如下：

2-1：處在對中央政府施政評價較正面縣市中，個人愈參與社團活動。

2-2：處在對中央政府施政評價較正面縣市中，個人聯繫式社資較多。

2-3：縣市執政評價氛圍對社團參與的影響隨時間而變小。

2-4：在縣市層次中，中央政府信任度與個人社團參與間無直接關聯。

2-5：處在生活救助給付愈多的縣市中，個人參與社團活動愈少。

2-6：處在急難救助給付愈多的縣市中，個人參與社團活動愈多。

2-7：縣市生活與急難救助給付對個人社團參與影響力隨時間而增強。

在政治參與影響上，依既有文獻顯示執政評價對投票抉擇較有關聯，對於投票參與應無直接影響。但由於逐漸下降的執政評價（見附錄一）和逐漸下降的投票率間（見圖2）呈現著一致趨勢，故本書認為縣市執政評價和個人投票行為間或許亦有正向關係。由於在非民主國家的實證研究中，制度信任對偏向投票的政治參與指標有強烈的影響力，故在民主鞏固時期前，政治制度尚未完善，縣市層次制度信任或許對投票有所影響，但在政治制度成熟後，其作用會消失。在民主鞏固時期，制度信任反而與投票抉擇較為有關。兩類社福資源對投票影響方向，亦如同社團參與影響方向一樣，但影響機制不同。一致性社福資源較不易產生污名性效果，故能促進投票行為；反之，縣市所發放的選擇性社福資源，會產生污名性文化，不利於個人的投票參與。由於現代化改變了以集體為主的傳統價值觀，社會政策綱領改變了人均社福資源量，故不同時期的社團參與行為對於政治參與的作用應不同，在民主鞏固時期，社福資源量的增加或許不僅增加社團參與，亦能提升逐漸下降的投票行為。

2-8：處在對中央政府施政評價愈低的縣市中，個人愈不參與投票。

2-9：縣市制度信任氛圍對個人投票作用在政黨輪替後而減弱或消失。

2-10：處在生活救助給付愈多的縣市中，個人投票行為愈少。

2-11：處在急難救助給付愈多的縣市中，個人投票行為愈多。

2-12：社團參與政治參與的影響隨時間而改變。

2-13：縣市生活與急難救助給付對投票的影響隨時間而增強。

第五節　分析變項

一、自變項

（一）**施政評價**：施政評價代表對中央政府近年來總體施政滿意的程度，[11] 回答選項從「很滿意」、「還算滿意」、「無意見、不知道」、「不滿意」到「很不滿意」，分別給予 5 至 1 分，並將個人層次分數聚合成縣市層次分數，此分數代表存在於縣市脈絡下關於施

11　雖然 1992 年意向調查問卷題目為「對這一年來政府總體（整個）施政表現是否滿意？」並未言明中央政府，但在題組中先詢問對立法院滿意程度，再詢問對政府總體施政滿意度，且關於縣市議會和縣市長的問卷題目皆言明為縣市，受訪者應不會被題目所混淆，可合理推估此處的政府為中央政府，而非縣市政府。在 2003 年意向調查問卷中，題目為「您對陳水扁總統領導的政府過去這幾個月來的表現滿不滿意？」，問卷中較清楚指為對中央政府的評價。由兩個年度的施政評價和制度信任變項間相關係數分別為 0.8 與 0.89 來看，除了反映出受訪者的施政評價意指對中央政府的滿意度，而非指對地方政府的滿意度，也呈現出滿意一府五院中央政府機構分數略微不同於信任總統與行政院的分數。

政表現的集體意識。分數愈高，意謂著該縣市民眾愈滿意中央政
府的施政。

（二）**制度信任**：資料來自意向調查，題目為「下列是我國主要的政府
機關，請問您對他們的信任程度如何？」題組中分別對總統與行
政院信任度進行測量，分數代表對總統與行政院此兩個中央政府
機構信任程度的因素分數，[12]回答選項從「非常信任」、「信任」、
「無意見、不知道」、「不信任」到「非常不信任」，分別給予 5
至 1 分。對兩期問卷中 2 個題目進行主成分分析，以 oblimin 斜
交轉軸可萃取出一個特徵值大於 1 的因素，命名為制度信任，
分別能解釋 70% 和 90% 的變異，Cronbach α 係數分別是 .59 和
.88。[13]

（三）**人均生活扶助**：資料來自各縣市統計指標，意指平均每名低收入
戶可得生活扶助金額的對數值，生活扶助給付不包含以工代賑、
教育補助、喪葬補助、假日慰問與其他形式的救助金。以該縣市
低收入戶家庭補助金額除以該縣市低收入戶人口數進行測量，並
取其自然對數值加以常態化，此可觀察出各縣市生活扶助資源的
給付狀況。在本研究中，1992 年各縣市的人均生活扶助金額平
均為 1,444 元，2004 年則為 2,618 元（資料未顯示於表中），與
內政部的數據相似（內政部　2000；2010）。

（四）**人均急難救助**：資料來自各縣市統計指標，意指平均每名急難救
助者接受急難救助金額的對數值，以該縣市急難救助金額除以該
縣市急難救助人數進行測量，並取其自然對數，此可觀察出各縣

12　2005 年 TSCS 資料包括 17 個縣市，2003 年意向調查資料亦包含這 17 個縣市。但
　　1993 年 TSCS 資料包含 19 個縣市，1992 年意向調查僅包括 16 個縣市資料，為避
　　免縣市層次資料遺失造成個體層次資料的大量遺失，所欠缺三縣市施政評價與制
　　度信任分數以各縣市執政評價平均數來進行插補。

13　若加入立法院信任分數，則 Cronbach α 值分別降至 .51 與 .62，表示在信任程度
　　上，民眾的確將總統與行政院視為一體（林瓊珠與蔡佳泓　2010），而非將總統、
　　行政院與立法院一致看待。

市急難救助資源的給付狀況。本研究中，1992 年各縣市的人均急難救助金額平均為 4,874 元，2004 年則為 6,314 元（資料未顯示於表中），與內政部資料近乎相同（內政部 2000；2010）。

二、中介變項

（一）**結合式社會資本**：意指受訪者與親戚、朋友互動情形，若互動次數愈頻繁，表示結合式社會資本分數愈高。於兩期問卷中，有 2 個題目分別對於親戚與朋友經常往來情形進行測量，1993 年的回答選項從「都沒有」、「一、二個」、「三、五個」、「五至十個」到「十個以上」，分別給予 0 至 4 分。在 2005 年的問卷中，針對親戚與朋友互動選項則有六個，從「沒有」、「很少」、「兩三個月一次」、「一個月兩三次」、「一個禮拜一次」與「一個禮拜兩次以上」，將次數較少的後兩類合併，如同 1993 年的五等第計分，分別給予 0 至 4 分。對兩期問卷中 2 個題目進行主成分分析，以 oblimin 斜交轉軸可萃取出一個特徵值大於 1 的因素，分別能解釋 71% 和 60% 的變異，Cronbach α 係數分別是 .60 和 .36，依吳統雄（1985）信度建議標準，為可信至勉強可信的範圍。

（二）**情感性社團參與**：代表個人對宗親會、宗教團體或是同鄉會的參與情形。情感性與工具性社團參與的界定方式依熊瑞梅等（2010）研究區分，[14] 若個人參與宗親會、宗教團體或是同鄉會編碼為 1，若未參與此三類社團，則編碼為 0。依據熊瑞梅等（2010）研究結果，民眾的情感性社團參與並無明顯下降趨勢，代表 1993 年與 2005 年民眾參與情感性社團應與前一年相近。

（三）**工具性社團參與**：代表個人對職業團體、康樂團體、校友會或

---

14 熊瑞梅、張峰彬與林亞鋒（2010）研究中，情感性社團還包括祠堂祭祀，但因 1993 年問卷中欠缺此項團體，為跨期比較，故兩期的情感性社團皆不包含祠堂祭祀。

是社會團體的參與情形。若個人參與職業團體、康樂團體、校友會或是社會團體編碼為 1，若未參與此四類社團，則編碼為 0。由於工具性社團參與隨不同年代而呈現下降趨勢（熊瑞梅等 2010），代表民眾參與工具性社團並非穩定情形。

（四）聯繫式社會資本：代表個人與里（村）長與鄰長互動情形，若互動次數愈頻繁，表示聯繫式社會資本分數愈高。有 2 個題目分別對個人與里（村）長與鄰長 交往情形進行測量，回答選項包含「不認識」、「認識不來往」、「偶爾來往」、「經常來往」與「本身為里（村）長或鄰長」，由於回答最後一類的受訪者不到 2.3%，將最後兩類合併成「經常來往」，分別給予 0 至 3 分，以 oblimin 斜交轉軸可萃取出一個特徵值大於 1 的因素，能解釋 79% 的變異，Cronbach α 係數為 .73。[15]

（五）社團內資源異質性：代表個人可接觸社團內不同成員與其成員所擁有最大資源程度的分數，其分數是以因素分析方式產生，由社團內異質性、社團內異質性範圍與社團內資源三個分數所構成。[16]

  1. 社團內異質性：算出宗親會同鄉會、宗教團體、職業團體、康樂團體、校友會、社會團體六類社團中成員組成年齡、教育程度、收入、性別與族群的異質性，年齡、教育程度與收入的異質性以標準差測量，性別與族群的異質性則以最少類別比例的絕對值測量，範圍從 0（完全同質）到 0.5（完全異質）。若個人同時參與宗親會與宗教團體時，有兩個年齡異質性分數，則選取最大值做為年齡異質性分數，其餘四個異質性分數，依此方式計算。最

15　由於 2005 年 TSCS 資料欠缺聯繫式社資的題目，故跨期比較中，將不會放入聯繫式社資於模型中。

16　兩年度社團內資源異質性和情感性社參、社團內資源異質性和工具性社參間相關係數分別皆在 0.6 和 0.8 以上，變項間具有高度相關，如同熊瑞梅等（2008）所言。

後，以因素分析中 oblimin 斜交轉軸將五個異質性分數萃取出一個特徵值大於 1 的因素，在兩期資料中分別能解釋 98% 與 99% 的變異，命名為社團內異質性。

2. 社團內異質性範圍：以社團內異質性最大分數減去社團內異質性最小分數進行計算，求出年齡、教育程度、收入、性別與族群的異質性範圍，再使用相同的因素分析法，在兩期資料中分別能解釋 83% 與 84% 的變異，產生一個社團內異質性分數。

3. 社團內資源：先計算六種社團成員組成的教育程度與收入平均值，再算出個人所參與社團中兩種平均值的最大值，最後將兩個最大平均值進行因素分析，兩期資料中分別能解釋 99% 與 99% 的變異，產生一個社團內資源分數。

三、依變項

（一）投票行為：1993 年 TSCS 資料中意指個人是否參與 1992 年底立委選舉的投票；2005 年 TSCS 資料中則測量個人是否參與 2004 年底立委選舉的投票。在兩個年度的問卷中，將有投票者編碼為 1，以沒有投票者做為對照組。[17]

（二）競選活動：代表個人在近幾年內是否參加為候選人舉辦的集會或餐會活動。[18] 兩期問卷中所設計的競選活動內容不同，僅有參與

---

[17] 就 1992 年與 2004 年立委選舉投票的資料而言，台灣選舉與民主化調查資料 (TEDS)、TSCS 和中選會所公布的 72% 和 59.2% 投票率相較，前兩者投票率皆顯著高於後者的母體。TEDS 投票率高於本研究有效樣本的投票率，TEDS 資料會高估投票率，是受到主題效應影響，詳見蔡奇霖（2010）研究。TSCS 的受訪者過度回報情況雖較 TEDS 佳，但推論時仍需留意，仍存在受訪者未去投票而謊報或誤報有去投票情形。

[18] 1993 年問卷中明確指出為參與 1992 年立委競選活動，2005 年問卷則詢問受訪者近幾年內的參與情形，由於該年度 9 月底前已完成訪談，就時序上受訪者不可能回答於 2005 年年底才舉辦的縣市長競選活動，而 2002 年與 2003 年亦無全國性競選活動，故受訪者所認知到的近幾年較可能是 2004 年，以比例 Z 檢定將原始

政治集會和擔任助選員兩項題目相同，由於受訪者曾擔任助選員的次數較少，[19] 故以較多受訪者參與的政治集會做為測量依據。將回答有曾參與者編碼為 1，未參與者編碼為 0。

四、控制變項

（一）**性別**：將性別做虛擬變項，男性為 1，女性為 0。

（二）**年齡**：以實際年齡進行測量。

（三）**教育程度**：將教育類別轉成實際年數，國小為 6，國中為 9，高中職為 12，專科為 14，大學以上為 16。

（四）**收入**：以個人每月收入進行測量，將收入選項分成五類，分析時依各組組中點進行轉換，將無收入視為 0，1 元至 2 萬以下為 1，2 至 4 萬為 3，4 至 6 萬為 5。由於收入 6 萬以上者占總樣本比例僅約 6%，故將收入 6 萬以上者合併為一類，依先前收入差距 2 萬元編碼 7。

（五）**族群**：將族群做虛擬變項，閩南人為 1，非閩南人為 0。

（六）**政黨認同**：將政黨認同分為有政黨認同者與獨立選民。政黨認同的測量可分為政黨支持與政黨偏向兩種（徐火炎　1991），故 1993 年與 2005 年政黨認同題組設計上皆包含政黨支持與政

樣本的 13.79% 參與率和 2004 年總統選舉競選活動參與率相較（章英華與傅仰止 2004），數據上無顯著差異（Z 值 =1.91，p 值 =0.06），意謂受訪者對此問題回應多指涉參與 2004 年的總統選舉期間的競選活動。由於一方面立委與總統選舉期間的競選活動，皆屬於中央層級競選活動，二方面並無研究表示兩種競選活動的性質不同，兩者皆為政治參與行為，三方面文獻回顧處已說明影響個人參與競選活動的因素是相似的，故不再文中特地表明是立委或是總統競選活動，皆統稱為競選活動。

19　於 1993 年問卷中，僅有不到 2% 受訪者曾擔任過助選員，導致各縣市間在擔任助選員方面無顯著變異產生，故不適合多層次分析。相反地，兩期資料中曾參與政治集會或餐會活動的受訪者則有 7% 以上，各縣市在參與競選活動上，達顯著差異。

黨偏向兩種問題。1993 年政黨支持的選項分為「國民黨」、「民進黨」、「都支持」、「都不支持」，政黨偏向的選項包含「偏國民黨」、「都不偏」與「偏民進黨」。將支持國民黨、偏向國民黨、支持民進黨或是偏向民進黨者編碼為 1，未有明顯政黨支持或偏向者視為獨立選民，做為對照組。由於 2000 年以後，親民黨與台聯先後成立，故 2005 年問卷中，增加了對親民黨與台聯政黨認同的選項，仍將有支持各政黨或偏向各政黨者編碼為 1，無支持政黨或偏向者編碼為 0。

（七）**大專以上人口比例**：資料來自各縣市統計指標，以教育程度在專科與大學以上者除以 15 歲以上總人口數進行測量。

（八）**農家人口比例**：資料來自各縣市統計指標，以農家人口數除以總人口數進行測量。

（九）**選區規模**：資料來自政治大學選舉研究中心資料庫，以各縣市立委應選席次做為測量。

第四章
社會資本的分布與其影響因素

　　社會資本的含量並非固定，而是隨時間而改變，因此在探討影響不同類型社會資本影響因素前，有必要先分析 1993 年與 2005 年民眾社會資本的分布情形與社團內資源異質性情形，並與先前文獻做對照，以了解所分析樣本的特性。再運用多層次分析法探究是何種因素影響個人的社會資本，尤其著重分析制度變項的作用與變化。

第一節　1993 年與 2005 年社會資本的分布

一、三類社會資本在 1993 年與 2005 年之分布狀態

　　表 2 呈現三類社會資本在 1993 年與 2005 年的分布狀態，結合式社資的因素分數在兩個年度間，並未有顯著變化。這是因為經過主成分分析後，結合式社資分數的平數均近於 0，標準差為 1，故即使以獨立樣本 t 檢定亦難以觀察出差異。代表社團參與的橋接式社資在兩個年度間，亦無顯著變化，民眾參與社團比例在 1993 年與 2005 年分別為27.7% 與 29.9%。將橋接式社資進一步區分為情感性和工具性社團參與後，發現 1993 年民眾參與情感性社團比例為 10.8%，2005 年顯著上升至 13.8%，主要因為 2005 年民眾參與宗教團體比例顯著高於 1993 年的參與比例，增加了 2.3%，而非是 2005 年民眾參與宗親、同鄉會比例較高的緣故。兩個年度參與宗教團體比例和熊瑞梅等（2010）研究相較，數據相近。

表 2 　 結合式、橋接式和聯繫式社會資本在 1993 年與 2005 年的分布狀態

變項	1993 年 (n=1,736)		2005 年 (n=1,560)		卡方檢定或 t 檢定值
	樣本數 (%)	平均數 (SD)	樣本數 (%)	平均數 (SD)	
結合式社會資本		-0.01(1.00)		0.02(0.99)	0.844
橋接式社會資本	482(27.7)		466(29.9)		1.808
情感性社團參與	188(10.8)		214(13.8)		6.432*
宗親、同鄉會	66(3.8)		67(4.3)		0.471
宗教團體	137(7.9)		159(10.2)		5.344*
工具性社團參與	398(22.9)		339(21.7)		0.662
職業團體	270(15.6)		157(10.1)		21.892*
康樂團體	28(1.6)		85(5.4)		36.553*
校友會	120(6.9)		56(3.6)		17.913*
社會團體	74(4.3)		106(6.8)		10.230*
聯繫式社會資本		-0.01(1.00)		-	
里（村）長互動		1.23(1.07)		-	
鄰長互動		1.60(1.18)		-	

說明：* 兩年度間變項變化的卡方檢定或 t 檢定值，$p<.05$；- 代表欠缺該年度數據。

　　2005 年工具性社團參與（以下簡稱為工具性社參）比例略低於 1993 年，為 21.7%。其中，在職業團體和校友會的參與上，民眾 1993 年的參與比例顯著高於 2005 年；在康樂團體和社會團體參與上，1993 年參與比例則顯著低於 2005 年。由於不論在 1993 年或是 2005 年，民眾參與此四類社團並未有同時增加或降低情形，這使得工具性社參比例在兩個年度間未有顯著差異存在。此研究結果不同於熊瑞梅等（2010）所發現的工具性社參逐漸下降趨勢，原因在於本研究並未包含參與率下降明顯的政治團體。若不包含政治團體，則表 2 內容和熊瑞梅等（2010）研究的 1992 年與 2005 年社團參與數據相近。不論在民主化或民主鞏固時期，民眾工具性社參比例皆高於情感性社團參與比例（以下簡稱為情感性社參），工具性社參比例約為 22%。

　　表 2 亦顯示民眾與鄰長互動較頻繁，介於偶爾來往與經常來往的程度。相較於民眾與鄰長互動程度，民眾與里（村）長互動較少，近於偶爾來往程度。同前所述，本書欠缺 2005 年民眾與里鄰長互動資料，但

若依立委選舉的調查研究結果，可發現在民主鞏固時期，個人被鄰里長動員的比例較民主化時期低。在 1993 年，個人被鄰里長動員拉票的比例為 10.4%（瞿海源　1993）。在 2012 年，個人被鄰里長或村里幹事拉票的比例則僅 2.7%（朱雲漢與吳重禮　2012, 382）。這不僅代表著鄰里長選舉動員角色的弱化，也意謂著在選舉時期民眾與鄰里長聯繫次數亦會降低。

從兩個年度社會資本變化來看，大抵可發現本研究樣本的結合式與橋接式社會資本變化不大，民眾參與情感性社團在民主鞏固時期有顯著增加情形。此結果一方面反映出儒家文化重家族的論點，不論政治上如何變遷，個人仍會維持和親友的聯繫。另一方面，由於只有情感性社團參與在不同年代有顯著差異，隱含著選舉投票率和競選參與率的變化或許和此類社團參與較為有關。

二、1993 年社團內資源之異質性

表 3 顯示出 1993 年六類社團的內部組成異質性與所蘊涵資源量，年齡異質性程度最大為康樂團體，最小為宗教團體。校友會為成員間教育程度較為同質的團體。在宗親、同鄉會中，成員間的教育程度差距最大。在收入異質性上，各類團體成員間收入的差距相似，標準差約在 1.9 至 2.2 之間。在各類團體中，康樂團體為性別異質性最大的團體，男性與女性參與者的比例相當。相反地，職業團體的組成成員以男性居多，達 75%，女性參與者較少，僅 25%，代表此類團體在性別組成上同質性較高。同樣地，康樂團體與職業團體亦分別為族群異質性最大與最小的團體，在康樂團體中，非閩南籍參與者比例為 43%，在職業團體中，非閩南籍參與者比例則為 22%。

表 3　1993 年六類社團內資源異質性分數

項目	1993 年 (n=1,736)						
	宗親、同鄉會	宗教團體	職業團體	康樂團體	校友會	社會團體	參與者平均
社團內異質性							
年齡異質性 [1]	11.7	10.3	10.5	12.1	10.9	11.0	11.48
教育異質性 [1]	3.6	3.4	3.3	2.9	2.4	3.5	3.52
收入異質性 [1]	1.9	2.1	2.0	1.9	2.2	2.1	2.05
性別異質性 [2]	30.0	42.0	25.0	49.0	38.0	33.0	34.00
族群異質性 [2]	39.0	26.0	22.0	43.0	38.0	34.0	29.00
社團內異質性範圍							
年齡異質範圍 (1.8) [3]							0.74
教育異質範圍 (1.2) [3]							0.65
收入異質範圍 (0.3) [3]							0.17
性別異質範圍 (24) [3]							12.00
族群異質範圍 (19) [3]							12.00
社團內資源							
教育 [4]	10.6	10.8	9.8	11.6	13.0	12.1	11.15
收入 [4]	2.8	2.7	3.0	2.7	3.0	3.9	3.07

說明：[1] 數值為標準差；[2] 數值為百分比；[3] 六類社團皆參與者的最大異質範圍；[4] 數值為平均數。

　　在至少參與一種社團的情況下，各類社團成員的年齡標準差為 11.48 年，教育標準差則為 3.52 年。相較於社團內的族群異質性，社團成員的性別異質性較高。若個人參與六類社團，則可接觸到的年齡異質範圍最大為 1.8 年，族群最大異質範圍為 19%。當個人參與兩類以上社團時，年齡異質最大值與最小值相減的平均為 0.74 年，社團參與者收入異質範圍平均則為 0.17 分。在族群異質範圍上，參與兩類以上社團者，所接觸到社團內族群最大異質性與最小異質性相減的平均為 12%。表 5 亦反映各類社團成員平均教育與收入程度，參與職業團體者的平均教育程度最低，為 9.8 年，約為國中畢業程度。參與校友會的平均教育程度則最高，為 13 年。在不同社團間，參與者所能接觸到較高教育的成員，其教育年數平均值約為 11.15 年，所能接觸到較高收入的成員，其收入平均值約為 3.07 分，約在月收入 4 萬左右。由於未參與社團者，其教育程度平均值為 10 年，收入平均值約為 2.05 分（資料未顯示於表中），反映出加入社團者，可接觸的社團內資源較多於未加入社團者。

三、2005 年社團內資源之異質性

根據表 4 內容，在 2005 年，校友會與職業團體分別為年齡異質性最大與最小的社團，康樂團體為教育異質性最大的社團，校友會參與者間教育程度差距最小。六類團體的收入異質性差異不大，標準差在 2.3 與 2.5 分之間。宗教團體與校友會分別為性別異質性最大與最小的社團，分別為 47% 和 29%，而宗親、同鄉會與職業團體則分別是族群異質性最大與最小的社團。在至少參與一種社團的情況下，各類社團成員的年齡標準差為 11.79 年，各類社團成員的族群異質性為 30%。若個人參與六類社團，則可接觸到的年齡異質範圍最大為 3.9 年，族群最大異質範圍為 18%。在年齡異質範圍上，參與兩類以上社團者，所接觸到社團內年齡最大異質性與最小異質性相減的平均為 2 年。在六類社團中，參與校友會的平均教育程度與收入程度最高，參與宗親、同鄉會者的平均教育程度最低，而參與康樂團體者的平均收入程度最低。和未參與社團者的平均教育與收入程度相較，[1]參與社團者可接觸的平均社團內資源仍較高。

將表 3 與表 4 內容相較，可發現不同社團的年齡異質性與性別異質性變化較大，在 1993 年參與者間的年齡差距最大為康樂團體，差距最小為宗教團體；在 2005 年參與者間的年齡差距最大則是校友會，差距最小是職業團體。性別異質性亦呈現在不同年代，異質性最大與最小的社團是不同的。相對地，在不同年代間，教育異質性、收入異質性與

1　在 2005 年，未參與社團者平均教育程度為 11.86 年，平均收入約為 2.66 分。

族群異質性變化較小,異質性最大與最小的團體幾乎是相同的。觀察兩個年度六類社團的資源異質性分數,亦可發現即使個人可選擇自由加入團體,但特定社團仍吸引著相同特質的參與者加入。在兩個年度中,校友會參與者的平均教育和收入程度不但較高,且成員間教育程度差距較小。相較於其他社團,加入校友會者多半具有良好的社經背景,到了2005年更是明顯,參與校友會者平均教育程度為專科以上,其他社團成員平均教育程度卻只有國中或高中程度。

此外,社團參與者在民主鞏固時期可接觸到的教育和收入資源較高,這是因為2005年個人教育與收入程度顯著高於1993年的緣故(見附錄六)。而除了康樂與社會團體成員組成不受外在社經環境提升的影響,2005年其他社團成員的教育與收入平均值皆高於1993年。

綜合以上論述,可了解民眾在情感性社參、年齡異質性與性別異質性是依不同年代而有所差異,其他類別的社會資本在不同年代的改變並不明顯。雖然在民主鞏固時期,民眾平均教育和收入程度提升,意指著社團內資源亦隨之增加,仍不代表社團內資源異質性在兩個年度有顯著變化。本書指出社團內資源異質性分數在經過主成分分析後,將如同結合式社資分數般,在平均數近為0下,難以觀察出顯著的變化。同前文所述,社團內異質性資源的計算方式是假定社團資源由社團成員所提供,不受其他因素所左右,故以分析影響三類社會資本產生的因素為主。

表 4　2005 年六類社團內資源異質性分數

項目	2005 年 (n=1,560)						
	宗親、同鄉會	宗教團體	職業團體	康樂團體	校友會	社會團體	參與者平均
社團內異質性							
年齡異質性 [1]	10.3	11.5	10.0	12.0	13.9	10.7	11.79
教育異質性 [1]	3.7	3.3	3.4	3.7	2.3	3.2	3.51
收入異質性 [1]	2.5	2.4	2.3	2.3	2.5	2.5	2.42
性別異質性 [2]	40.0	47.0	39.0	43.0	29.0	39.0	46.00
族群異質性 [2]	40.0	29.0	24.0	42.0	39.0	27.0	30.00
社團內異質性範圍							
年齡異質範圍 (3.9) [3]							2.00
教育異質範圍 (1.4) [3]							0.25
收入異質範圍 (0.2) [3]							0.15
性別異質範圍 (18) [3]							6.00
族群異質範圍 (18) [3]							1.00
社團內資源							
教育 [4]	11.1	12.1	11.2	11.5	14.8	12.5	11.88
收入 [4]	3.3	3.3	3.6	2.8	4.3	3.6	3.34

說明：[1] 數值為標準差；[2] 數值為百分比；[3] 六類社團皆參與者的最大異質範圍；[4] 數值為平均數。

第二節　影響各類型社會資本產生的因素

前一節已說明三種類型社會資本與社團內資源異質性的分布情形，本節則分析在民主化與民主鞏固時期影響三類型社會資本產生的要素，藉由多層次分析以了解不同層次的影響力，聚焦在縣市層次上非正式制度與正式制度的作用。在分析中，所有模式估計主要值皆以強韌標準誤 (robust standard errors) 方式呈現。在分析模式中，1993 年雖較 2005 年增加了聯繫式社資，但即使不加入此一變項於模式中，制度變項的作用依然相同，表示聯繫式社資的影響有限。

一、1993 年縣市層次制度變項、個人特質與社會資本間關係

　　表 5 為 1993 年三類型社會資本影響因素之多層次分析，對於結合式與聯繫式社資影響因素採取多層次迴歸分析，對於情感性與工具性社參則採多層次邏輯迴歸分析。模式 1 為虛無模式 (null model)，不放入任何變項，可了解三種類型社會資本是否在各縣市有所差異。模式 2 加入個人層次控制變項與縣市層次的變項，後者包含：執政評價、人均生活救助、人均急難救助、大專以上人口比、農業人口比例與選區規模。模式 3 和模式 2 相似，差異在於以制度信任取代執政評價，以避免模型中的多元共線性問題。

　　在三類社會資本中，模式 1 顯示結合式社資、情感性社參、工具性社參與聯繫式社資的 ICC 分別約為 .07、.07、.08、.09，[2] 其隨機效果的 $\chi 2$ 值分別為 133、61.98、80.53、212.59，均達 .01 的顯著水準，表示有明顯組間變異存在，即在各縣市中三類社會資本有明顯差異存在。從既有理論與文獻檢閱中，筆者認為是縣市制度層次變項所造成，進一步分析影響社會資本的因素後，結果發現在結合式社資中，不論是模式 2 或是模式 3，制度變項皆無法顯著影響結合式社資。[3] 個人層次變項反而與親友互動較為有關，男性、愈年輕者、閩南人與聯繫式社資較多者，結合式社資愈多。這反映出縣市政府並無法透過正式制度或是非正式制度的方式來建立較多的結合式社資，意謂著由上至下建立此類社會資本

2　結合式與聯繫式社會資本的 ICC$=\tau_{00}/(\tau_{00}+\sigma 2)$，社團參與為兩分變項，ICC$=\tau_{00}/(\tau 00+\pi^2/3)$。

3　施政評價除了等距分數測量外，當縣市施政評價氛圍高到一定程度時，或許對個人行為產生更強烈影響，故本研究亦採兩分變項法，以所有縣市施政評價平均數做判別，在 1992 年平均分數為 3.45，在 2003 年為 2.71，高於平均數編碼為 1，低於平均數編碼為 0，以了解施政評價的作用是否有其門檻。即使如此，兩分變項的施政評價對結合式社資仍無顯著影響（資料未顯示於表中），這代表未達顯著性的施政評價並不會因設定門檻而加強其作用，故若施政評價對社會資本或政治參與的影響未達顯著性，將不再以此方式進行測量。

較不可能。或可說儒家文化的家族主義不僅穩定，且難以透過非正式制度或正式制度來形塑。

由於縣市層次變項未有預期效果，代表截距變異量 (τ_{00}) 的縮減主要是來自個人層次變項，個人層次變項分別能解釋各縣市間結合式社資變異約 28.5% (0.07-0.05/0.07)，解釋個人間結合式社會資本變異約 12.8% (0.94-0.82/0.94)。在截距變異量仍達顯著性下，表示仍有其他縣市層次變項可解釋各縣市間結合式社資的差異。也因為所有制度變項未能預測此類社會資本，代表中介效果不成立。這意謂著在加入三類社會資本後，若制度變項對依變項的影響係數有所改變，可以排除是制度變項透過結合式社會資本來影響依變項所造成。

在情感性社參影響因素中，模式 2 顯示處於對中央執政評價愈正面氛圍、人均生活扶助愈少與選區規模愈小，皆提高個人參與情感性社團可能性。[4] 除了人均急難救助給付未符合預期，即假設 2-6 未得到支持外，其他自變項作用多符合本研究理論預期。以執政評價而言，當所處縣市對中央評價滿意度增加 1 分，個人參與情感性社團相較於不參加的可能性增加近 7 倍，換算成參與情感性社團的機率為 88%，[5]符合 2-1 的假設。在民主鞏固時期前，個人尚未完全自由，仍受所處縣市脈絡氛圍所左右。當所處人均生活扶助給付的對數每增加 1 單位，個人參與此類社團相較於不參與的可能性降低約 90%，參與此類社團機率值約為 10%，研究結果與假設 2-5 相同，證實了 Spicker(1984) 的研究發現。在人均生活救助給付較高的縣市，代表該縣市內第一款（類）的低收入戶者較其他縣市多，受訪者為低收入戶者可能性也較高，由於這些受補助者會擔憂被他人污名化，故減低了參與的可能。

在個人層次變項上，非閩南人、有政黨認同和有參與工具性社團

4　將兩分變項的施政評價加入模型中，縣市層次施政評價對情感性社參的作用反而變得不顯著。

5　$[Exp(2.05)-1] \times 100\% = 676\%$；$\varphi_{ij} = \dfrac{1}{1+exp(-2.05)} = \dfrac{1}{1.13} = 88\%$。

者，其參與此類社團可能性較高。相較於個人層次變項，執政評價、人均生活扶助和選區規模是解釋各縣市情感性社參差異的來源，可解釋變異量約 30.8%。[6] 模式 3 則顯示制度信任對此類社團參與無直接影響，符合假設 2-4 預期。在各縣市中，生活給付愈少與大專以上人口比愈多，個人參與此類社團可能性愈高。模式 3 的個人層次變項係數值與模式 2 相似，差別在於政黨認同的顯著性消失。

　　模式 2 與模式 3 的研究數據呈現著兩方面的意義，一是即使執政評價與制度信任間有高度相關，仍有必要分別加入模式中，因為兩變項仍有差異存在，研究結果部分支持集體意識形塑的論述，在各縣市中，對政府評價已形成一種氛圍，在認同政府表現的脈絡下，提高了個人參與此類社團的可能。二是模式 2 的截距變異量不但低於模式 3，$\chi 2$ 值亦不再顯示有明顯變異存在。在模式 2 執政評價已達顯著性，而模式 3 的制度信任卻無顯著影響下，表示可忽略制度信任對情感性社參的中介效果，應著重在制度評價和生活扶助給付如何透過情感性社參進而影響政治參與行為，研究結果證實了結社是制度產物的論述 (Szreter 2002)。

　　工具性社參的模式 2 與模式 3 皆顯示縣市人均急難救助、選區規模、性別、年齡、教育程度、收入與情感性社參和工具性社參有顯著相關，執政評價、制度信任和生活扶助給付對工具性社參無顯著影響。當所處縣市人均急難救助數值較高時，個人參與工具性社團可能性較低，此一研究結果與假設 2-6 相違。表 5 亦呈現當選區規模愈大，人口愈多時，個人參與工具性社團可能性較低。男性、年齡較長、教育程度較高、收入較多和有參與情感性社團者，其參與工具性社團可能性較高。

6　在未加入縣市層次制度變項下，個人層次變項可使得截距變異量從 0.26 縮減至 0.19，$\chi 2$ 仍達顯著性，加入制度變項後，可解釋截距變異量 = (0.19-0.11)/0.26。在這些達顯著性的縣市層次變項中，縣市執政評價是解釋縣市間此類社會資本變異的主因，因為可解釋約 26% 的變異。

表 5　1993 年結合式、橋接式和聯繫式社會資本影響因素之多層次分析結果

係數 (s.e.) 變項	結合式社資			情感性社參		
	模式 1	模式 2	模式 3	模式 1	模式 2	模式 3
固定效果						
縣市層次變項 (n=19)						
執政評價		0.59(0.44)			2.05*(0.79)	
制度信任			0.34(0.31)			0.57(0.59)
人均生活扶助		-0.48(0.62)	-0.55(0.58)		-2.20*(0.96)	-2.45*(0.86)
人均急難救助		0.31(0.33)	0.49(0.37)		-1.35 (0.65)	-0.58 (0.98)
大專人口比		0.87(3.02)	1.51(2.98)		9.78 (4.82)	11.16*(4.95)
農業人口比		0.72(0.46)	0.98(0.56)		-0.02 (0.96)	0.39 (1.13)
選區規模		0.01(0.01)	0.01(0.01)		-0.06*(0.02)	-0.04 (0.02)
個人層次變項 (n=1,736)						
截距 (r_{00})	0.01(0.06)	-0.01(0.05)	-0.01(0.05)	-2.08**(0.14)	-2.36**(0.10)	-2.36**(0.12)
性別 (女性 =0)						
男性		0.15**(0.05)	0.15**(0.05)		0.15 (0.13)	0.15 (0.13)
年齡		-0.01**(0.00)	-0.01**(0.00)		0.01 (0.01)	0.01 (0.01)
教育程度		-0.01 (0.01)	-0.01 (0.01)		0.04 (0.03)	0.04 (0.03)
收入		0.02 (0.01)	0.02 (0.01)		0.02 (0.05)	0.02 (0.05)
族群 (非閩南人 =0)						
閩南人		0.33**(0.09)	0.32**(0.09)		-0.32*(0.15)	-0.39*(0.16)
政黨認同 (無政黨認同 =0)						
有認同		0.09 (0.05)	0.09 (0.05)		0.23*(0.11)	0.21 (0.11)
結合式社資					0.13 (0.07)	0.14 (0.08)
情感性社參		0.10 (0.05)	0.10 (0.05)			
工具性社參		0.10 (0.06)	0.10 (0.06)		1.47**(0.16)	1.48**(0.16)
聯繫式社資		0.31**(0.03)	0.31**(0.03)		0.15 (0.10)	0.16 (0.09)
隨機效果						
截距 (τ_{00})	0.07	0.05	0.06	0.26	0.11	0.21
個人 ($\sigma 2$)	0.94	0.82	0.82			
$\chi 2$	133**	62.48**	67.62**	61.98**	20.13	30.30**

係數 (s.e.) 變項	工具性社參			聯繫式社資		
	模式 1	模式 2	模式 3	模式 1	模式 2	模式 3
固定效果						
縣市層次變項 (n=19)						
執政評價		0.28 (0.58)			0.48 (0.29)	
制度信任			0.14 (0.41)			0.42* (0.19)
人均生活扶助		-0.43 (1.27)	-0.46 (1.29)		0.56 (0.45)	0.48 (0.42)
人均急難救助		-2.71**(0.74)	-2.62**(0.73)		0.47 (0.41)	0.58 (0.33)
大專人口比		3.50 (6.97)	3.78 (7.21)		-2.54 (2.07)	-1.83 (1.93)
農業人口比		-0.26 (1.20)	-0.15 (1.28)		0.44 (0.41)	0.75 (0.39)
選區規模		-0.05* (0.02)	-0.05* (0.02)		-0.01 (0.01)	-0.01 (0.01)
個人層次變項 (n=1,736)						
截距 (r_{00})	-1.14**(0.14)	-1.28**(0.11)	-1.28**(0.11)	0.05(0.07)	0.03(0.03)	0.03(0.03)
性別 (女性 =0)						
男性		0.64**(0.17)	0.64**(0.17)		0.04 (0.06)	0.04 (0.06)
年齡		0.02**(0.01)	0.02**(0.01)		0.02**(0.01)	0.02**(0.01)
教育程度		0.08**(0.03)	0.08**(0.03)		-0.03**(0.01)	-0.03**(0.01)
收入		0.14**(0.03)	0.14**(0.03)		-0.02 (0.01)	-0.02 (0.01)
族群 (非閩南人 =0)						
閩南人		0.14 (0.11)	0.13 (0.11)		-0.01 (0.05)	-0.01 (0.05)
政黨認同 (無政黨認同 =0)						
有認同		0.07 (0.16)	0.07 (0.16)		-0.01 (0.05)	-0.01 (0.05)
結合式社資		0.13 (0.07)	0.13 (0.07)		0.29**(0.02)	0.29**(0.02)
情感性社參		1.49**(0.17)	1.49**(0.17)		0.11 (0.07)	0.11 (0.07)
工具性社參					0.09 (0.05)	0.09 (0.05)
聯繫式社資		0.13 (0.07)	0.13 (0.07)			
隨機效果						
截距 (τ_{00})	0.29	0.26	0.26	0.09	0.02	0.02
個人 ($\sigma2$)				0.91	0.76	0.76
$\chi2$	80.53**	44.94**	44.91**	212.59**	34.60**	33.27**

資料來源：TSCS 1993；伊慶春（1992）；台灣省政府主計處（1992）；台北市政府主計處
　　　　（1992）；高雄市政府統計處（1992）；政治大學選舉研究中心（2013）。
說明：** 表示 $p<.01$；* 表示 $p<.05$。

　　由於代表個人資源的教育和收入達顯著性，暗指著此類社團因較涉及工具性利益，資源較多的個人仍欲透過參與此類社團，以獲得更多報酬。截距變異量在模式 2 與模式 3 皆為 0.26，縣市層次與個人層次變項共可解釋約 10% 縣市間工具性社參的變異。若從中介效果來看，若工具性社參對政治參與產生作用，代表著縣市人均急難救助資源可透過工具性社參進而影響民眾的政治參與。其他縣市層次制度變項因未達顯著性，故可不討論這些制度變項的間接影響力，而直接觀察縣市制度認知氛圍與生活給付資源對政治參與的直接影響。

　　在聯繫式社資的模式 2 中，反映出制度變項皆未達顯著性，非是此類社會資本的影響因素，假設 2-2 認為執政評價與聯繫式社資間關係未受資料所支持。在模式 3 中，分析結果則顯示縣市制度信任氛圍愈高，個人與鄰里長互動可能性愈高。不過，兩變項間關係較弱，p 值為 .049（資料未顯示於表中），且無法進一步降低縣市間聯繫式社資的變異成分。在個人層次上，年齡愈長、教育程度愈少與結合式社資愈多者，其聯繫式社資也較多。低教育程度者傾向與里鄰長聯繫，這或許是由於可透過此人際關係，以獲得較多的資訊與資源。在低教育程度者所得較低，且里長平時可協助申請中低收入戶送件或辦理相關資源補助程序時，便可能產生教育程度和聯繫式社資間的負向關聯。

　　和模式 2 相較，截距變異量在模式 3 中仍未有所降低，代表縣市制度信任氛圍非是解釋縣市間聯繫式社資變動主因，年齡、教育程度與結合式社資反而是縣市間聯繫式社資變動原因，在加入這些個人層次變項後，截距變異量由 0.09 下降至 0.02，這些個人層次變項分別能解釋個人間與縣市間聯繫式社資約 16.5% 與 77.8% 的變異。在制度變項未能有效預測聯繫式社資情況下，代表社會資本對政治參與的中介作用較可能透過兩類社團參與所產生。

　　三類型社會資本間反而呈現兩類社團參與彼此間有正向關聯，卻與結合式社資、聯繫式社資無顯著相關，結合式社資則與聯繫式社資兩者間有正向關係。也就是說參與情感性社團者較可能參與工具性社團，反之亦然。但與非社團參與者相較，在控制其他條件下，社團參與者在結合式社資與聯繫式社資分數上未有顯著較高或較低情形。這顯示在現代社會中，個人擁有多重身分，證實了結合式社資並非是橋接式社資發展的阻礙 (Fukuyama 2001; O'Brien 2011)。但由於仍受到強調五倫關係的儒教文化影響，與親友互動的意義和與異質性團體成員互動意義仍是不同的，結合式社資在此時仍無法成為橋接式社資發展的助力。

二、2005 年縣市層次制度變項、個人特質與社會資本間關係

表 6 則為 2005 年兩類型社會資本影響因素之多層次分析，模式 1 顯示結合式社資、情感性社參與工具性社參的 ICC 分別約為 .01、.04、.08，其隨機效果的 $\chi 2$ 值分別為 27.88、37.13、65.71，均達 .05 的顯著水準，表示有明顯組間變異存在。和表 7 相較，結合式社資與情感性社參 ICC 的縮小表示在各縣市的變異較少。在結合式社資影響因素上，制度變項皆無影響力，故可排除此類社會資本的中介效應，意即制度變項並非透過結合式社資進而影響政治參與。模式 3 呈現一縣市大專人口比例愈高，個人的結合式社資愈少。年輕者、教育程度較高者和參加工具性社團者，個人與親友互動可能性較高。在模式 2 與模式 3 中，截距變異量並未縮減，表示模型中所有變項未能解釋縣市間結合式社資的變異，個人層次變項則能解釋個體間結合式社資約 5% 的變異。

所有縣市層次制度變項亦未影響情感性社參，整合表 5 結果，假設 2-1 與 2-5 僅得到數據的部分支持，影響此類社團參與主要是個人因素居多，年齡愈大、收入愈多和參與工具性社團者，其情感性社參可能性較高。在情感性社參模式 2 中，加入各層次預測變項後，$\chi 2$ 值已變為不顯著，表示已發現關鍵變項。由截距變異量來看，年齡、收入和工具性社參能解釋縣市間情感性社參約 33% 的變異，是重要的預測變數。

工具性社參的模式 2 反映出處在縣市人均急難救助資源愈多的環境裡，個人參與此類社團可能性愈低，此結果和 2-6 假設相違。縣市層次

執政評價與工具性社參間關係方向也不符合假設 2-1 所預期，不過未達顯著性，p 值為 0.08（數據未顯示於表中）。縣市生活救助資源亦未能影響工具性社參，故假設 2-5 也未能得到證實。在個人層次變項上，年齡、教育程度、收入、結合式社資與情感性社參和工具性社參有顯著關聯。模式 3 在加入制度信任後，除了縣市制度信任氛圍對此類社參無作用外，其他變項作用與模式 2 相同，由截距變異量和 $\chi2$ 值來看，模式 2 截距變異量較低，表示預測變項可解釋變異程度較多，是較佳模式。由於個人層次變項並無法解釋縣市間工具性社參的變異，意謂著即使加入個人層次變項後，截距變異量並未減少，代表縣市人均急難給付是解釋縣市間工具性社參變異的要素，可解釋約 19% 的變異。

在民主鞏固時期，兩類社會資本間關係部分不同於民主鞏固之前時期，相同點在於兩類社團參與間仍為彼此促進作用。不同處在於原本在 1993 年結合式社資對兩類社團參與皆無影響，但在 2005 年，結合式社資與工具性社參間反而彼此相互增強，這也反映出晚期壓抑個人的儒家價值觀已減弱（黃光國 1995），與親友間互動已不再成為與親友外成員互動的阻力，或許與親友互動可獲得資源或資訊，有助於參與工具性的社團。

表 6   2005 年結合式和橋接式社會資本影響因素之多層次分析結果

係數 (s.e.) / 變項	結合式社資 模式 1	模式 2	模式 3	情感性社參 模式 1	模式 2	模式 3
固定效果						
縣市層次變項 (n=17)						
執政評價		-0.18 (0.14)			-0.71 (0.57)	
制度信任			-0.25 (0.18)			-0.62 (0.95)
人均生活扶助		0.42 (0.41)	0.43 (0.38)		1.24 (1.87)	0.79 (2.18)
人均急難救助		-0.18 (0.15)	-0.24 (0.17)		0.05 (0.52)	0.01 (0.52)
大專人口比		-1.64 (0.79)	-1.66* (0.68)		-1.40 (3.13)	-0.53 (3.59)
農業人口比		-0.88 (0.43)	-0.83 (0.41)		-1.09 (1.01)	-0.85 (1.15)
選區規模		-0.01 (0.01)	-0.01 (0.01)		-0.01 (0.01)	-0.01 (0.01)
個人層次變項 (n=1,560)						
截距 (r_{00})	0.01 (0.03)	0.03 (0.03)	0.03 (0.03)	-1.85** (0.11)	-2.01** (0.10)	-2.01** (0.10)
性別 (女性 =0)						
男性		-0.07 (0.04)	-0.07 (0.04)		-0.21 (0.13)	-0.21 (0.13)
年齡		-0.01** (0.00)	-0.01** (0.00)		0.05** (0.01)	0.05** (0.01)
教育程度		0.05** (0.01)	0.05** (0.01)		0.03 (0.03)	0.03 (0.03)
收入		0.02 (0.01)	0.02 (0.01)		0.08** (0.03)	0.08** (0.03)
族群 (非閩南人 =0)						
閩南人		0.02 (0.08)	0.02 (0.08)		-0.03 (0.17)	-0.01 (0.17)
政黨認同 (無政黨認同 =0)						
有認同		0.05 (0.04)	0.05 (0.04)		-0.01 (0.17)	0.21 (0.11)
結合式社資					0.08 (0.07)	0.08 (0.07)
情感性社參		0.07 (0.06)	0.07 (0.06)			
工具性社參		0.24** (0.07)	0.24** (0.07)		0.78** (0.16)	0.78** (0.16)
隨機效果						
截距 (τ_{00})	0.01	0.01	0.01	0.12	0.08	0.10
個人 (σ^2)	0.99	0.94	0.94			
χ^2	27.88*	17.74	18.35*	37.13**	16.79	18.71*

變項 \ 係數 (s.e.)	工具性社參		
	模式 1	模式 2	模式 3
固定效果			
縣市層次變項 (n=17)			
執政評價		-0.75 (0.39)	
制度信任			-1.01 (0.71)
人均生活扶助		-1.56 (2.07)	-1.51 (2.24)
人均急難救助		-1.54* (0.50)	-1.75* (0.56)
大專人口比		1.90 (3.50)	1.87 (3.68)
農業人口比		1.55 (1.03)	1.81 (1.12)
選區規模		-0.02 (0.01)	-0.02 (0.01)
個人層次變項 (n=1,560)			
截距 (r_{00})	-1.22**(0.14)	-1.28**(0.11)	-1.28**(0.11)
性別 (女性 =0)			
男性		0.14 (0.19)	0.13 (0.19)
年齡		0.05**(0.01)	0.05**(0.01)
教育程度		0.08**(0.03)	0.08**(0.03)
收入		0.08**(0.03)	0.08**(0.03)
族群 (非閩南人 =0)			
閩南人		0.07 (0.20)	0.07 (0.20)
政黨認同 (無政黨認同 =0)			
有認同		0.21 (0.14)	0.21 (0.14)
結合式社資		0.26**(0.07)	0.27**(0.07)
情感性社參		0.76**(0.16)	0.76**(0.16)
隨機效果			
截距 (τ_{00})	0.27	0.22	0.24
χ^2	65.71**	34.50**	36.29**

資料來源：TSCS 2005；瞿海源（2003）；內政部（2005a）；政治大學選舉研究中心（2013）。
說明：1. 表中數值為加權後的數值；
　　　2. ** 表示 $p<.01$；* 表示 $p<.05$。

三、小結

本書以多層次迴歸與邏輯迴歸模型分析影響各類型社會資本的因素，研究結果顯示縣市層次制度變項與結合式社資間無顯著關係，代表個人與親戚、朋友的互動不受外在制度環境評價或福利資源所左右，應仍是受到儒家文化的影響（朱瑞玲與章英華　2001；楊文山　2009）。在 1993 年，個人處於對中央政府執政愈滿意的縣市氛圍中，愈可能形成集體意識而參與情感性團體。但在 2005 年，更為自由的情況下，個人已不受周遭輿論氛圍所左右，不會因身處在滿意政府表現的環境下，就投入凝聚力較高的情感性社團中，此點發現驗證了 Szreter(2002) 所提出的集體意識形塑說。不過，集體意識形塑說中的執政評價與結合式社資間的負向關聯論述，在本研究樣本中，無法得到證實。這代表台灣民眾不會因同一縣市民眾對中央政府施政轉向負評，便增強自身與親友間的聯繫，使自己在此群體中獲得凝聚感。

在 1993 年，縣市生活救助給付愈多，個人情感性社參可能性愈低，對個人工具性社參則無影響，一方面，此發現支持資源取代說論述，而不是資源挹注的說法，兩變項間關係應是透過社團內成員對接受此類資源補助者污名性烙印，且接受此類資源者亦擔心社團成員間面對面的互動會曝露自己的身分而產生。換言之，產生了資源取代的效果。本書結果不支持資源挹注說 (Gelissen et al. 2012; Ingen and Meer 2011; Oorschot, Arts and Halman 2005)，原因在於先前研究是以社福支出占 GDP 的比例做為自變項，這些跨國研究僅假設社福給付是資源，未考量到縣市內的社福給付除代表資源外，由於地理的可近性，亦代表貧戶受污名性的可能。二方面，此研究結果也補充了福利資源與結構面向社會資本的關係，福利資源不只影響信任、互惠等認知面向 (Gelissen et al. 2012; Koster and Bruggeman 2008; Oorschot, Arts and Halman 2005; Rothstein 2001)，亦直接影響個人的情感性社參。

縣市人均生活扶助與情感性社參關係間較為密切，而非與工具性社參有關，是因為接受此種選擇性福利資源的低收入戶，本身較少參與社團活動，約85%從不參與社團活動，唯一較常參與的活動為宗教活動，參與率近6%（內政部　2005b）。由兩年度的研究結果也可得知，因工具性社團目的在使成員獲利，故吸引較多高社經地位者參與，情感性社團的成立目的則與物質性報酬較無關聯，在1993年時，結果顯示不論個人社經背景高低，參與情感性社團的機率未有明顯差異。

當低收入戶幾乎不參與工具性社團，僅參與代表情感性的宗教活動時，代表參與情感性社團者易遇到低收入戶者，提高低收入戶者污名性的感受而不想參與，是故兩變項間關係較為顯著。在2005年民主鞏固時期，生活救助金額增加，其作用反而消失。由2005年教育程度明顯高於1993年來看（見附錄六），較可能的解釋是教育提昇民眾對貧窮團體的認知，減低對貧窮者懶惰、不努力的刻板印象，並轉化貧窮者自身對於他人的看法（張清富　2009），使得縣市人均生活救助給付多寡已不是決定情感性社參的要素。

不論在民主鞏固時期前或時期後，縣市人均急難救助給付皆對工具性社參有顯著影響，縣市人均急難救助給付金額愈高，個人參與工具性社團可能性較低。反應出在國家協助下，社會互動弱化的現象，證實了此類社福資源對社會資本的排擠效果。急難救助資源給付對象主要為失業者，當失業者接受此類資源後，即使此類資源並無污名性效果，屬於一致性的社福資源，但由於資源的供給仍使得個體產生更依賴國家資源，而降低了與其他團體成員互動的情形。

在1993年聯繫式社資的影響因素上，除制度信任外，所有縣市層次變項皆未達統計顯著性。這表示民眾對立法院、監察院、總統與行政院等中央政府機構的評價有所差異，只有在信任行政體系的氛圍下，才可能增加個人與代表基層行政工作者間互動的可能，意即增加與里鄰長間的聯繫。研究結果不同於Szreter(2002)的論述內容，即執政評價高低能影響個人聯繫式社資的多寡。本文指出一方面民眾對中央政府各機構的評價並不相同，對立法院評價就明顯不同於總統和行政院（盛杏湲與黃士豪　2006），故以所有中央政府機構做為測量基礎的施政評價，在對里鄰長聯繫的影響上，便不如僅以行政體系做為測量依據的制度信任。

　　二方面研究結果顯示橋接式與聯繫式社資間並非呈現顯著的正向關聯，表示 Szreter 背後的假設是有誤的，從 1910 年至 1940 年出生的世代同時有較多的橋接式與聯繫式社資，到政府的改革與施政可同時提升兩類社會資本的論述，皆隱含著兩類社會資本具有某種程度的正向關聯，故可同時被政府施政所左右。在台灣，由於此兩類社會資本無顯著關聯，故施政評價僅影響情感性社參，而不影響聯繫式社資。

　　不論從縣市或是個人層次影響因素上，皆可發現情感性與工具性社團參與為不同面向的橋接式社資，以此區分不僅有其理論文獻，亦受實證資料所支持。情感性社團組成立基於血緣、地緣與宗教關係，集體情感與凝聚力性高（熊瑞梅等　2010），成員加入目的或許為了得到社會支持以獲得安全感，故社團內有不同的教育程度者，成員也易受縣市評價氛圍，即集體意識所影響。相反的，工具性社團的組成立基在工具性利益，成員加入目的或許如 Bourdieu(1986) 所言，是想透過參與團體，進行交換而獲得有價資源，故參與成員多為高社經分子，高教育程度者，加入工具性社團可能性較高。由影響此類社團的因素，並非是集體意識，而是縣市層次的社福資源。

　　在個人層次影響因素上，Bezanson(2006) 指出社會資本的論述似乎是性別中立，其實是性別盲 (gender blindness)。相較於男性，婦女多與親友間建立聯繫，有較多的結合式社資，這其實是兼顧家庭與工作的策略，因為可請親友代為照顧小孩。對於貧窮婦女而言，這甚至是一種面對經濟危機時的生存策略。也由於有照顧家庭的職責存在，故婦女較少能發展聯繫式社資。本書則指出這樣的論述欠缺實證研究支持，依結果而言，在 1993 年，相較於女性，男性反而有較多的結合式社資，在聯繫式社資上，性別則非是顯著的預測因素。2005 年的研究結果更呈現性別非是影響各類社會資本的因素，或可說在社會資本議題上，性別盲在台灣並不明顯。

　　比較表 5 與表 6 結果，似乎證實儒家文化價值觀面對現代化的改變，個人日益崇尚自由，影響了縣市層次執政評價的作用，但這樣的作用是表現在情感性社參上，而非工具性社參上。不過，由於本章節未控制時間變項的影響，故假設 2-3 的論述，將合併兩年度資料後，在下一章節進行說明。由於社會福利政策綱領制定，2004 年的人均生活與急難救助給付皆高於 1992 年，本書預期社福資源的影響力將隨時間增加，但依表 5 與表 6 內容，兩類社福資源作用並未隨時間而增強。原本1992 年縣市人均生活扶助對 1993 年情感性社參產生了資源取代效果，但 2004 年縣市人均生活扶助的作用不僅未增加，甚至消失。人均縣市急難救助對工具性社參有跨時期影響力，其負向作用亦未隨時間而增強，故 2-7 的假設在此無法得到證實。

Chapter 5

第五章
政治參與的影響因素

　　在了解縣市層次變項對中介變項的影響後，依前述的分析步驟，第一節先分析縣市層次制度變項與政治參與間關係，只有在縣市層次制度變項對政治參與有直接影響時，才繼續探討社會資本對依變項所產生的中介效果。若所有縣市層次變項皆對依變項無直接影響，則不需進一步分析是否有中介效果。第二節則探討縣市層次制度變項、社會資本與政治參與間關係，在分析模型中先分析社會資本對政治參加的作用，再加入縣市層次變項，以得知縣市層次變項對依變項的直接影響與間接影響作用。最後，再觀察制度變項對政治參與的作用是否隨時間而改變。

第一節　縣市層次制度變項與政治參與間關係

　　在本書中，參與 1992 年與 2004 年立委選舉投票比例分別約為89% 與 69%，比例遠高於參與競選活動的比例（見附錄六），兩年度投票與競選活動間相關性低，r 值分別為 0.01 與 0.15，表示投票與競選活動分屬政治參與的不同面向（袁頌西等　1983；郭秋永　2000）。為了解縣市層次制度變項對兩個依變項的影響，分析上，先控制個人層次變項，以便釐清縣市層次制度變項與政治參與間關係。本節的模式 1 代表為虛無模式 (null model)，不放入任何變項，可了解投票與競選活動是否在各縣市有所差異。模式 2 不同於前章節的設計，加入個人層次控制變項與縣市層次的制度變項，以區分出控制變項的解釋力。模式 3 加入縣市層次制度變項，以了解在控制相關變項後，縣市層次制度變項對依變項的影響。模式 4 和模式 3 相似，差異在於以制度信任取代執政評價，以避免模型中的多元共線性問題。

一、1993 年縣市層次制度變項與政治參與間關係

在表 7 多層次邏輯迴歸分析中，模式 1 顯示在未放入任何預測變數下，在各縣市間，投票與競選活動參與具有顯著的差異性。在 95% 的信心水準下，個人在不同縣市中參與投票和競選活動機率分別介於 0.94~0.81 與 0.15~0.03 之間。[1] ICC 則分別約為 .03 與 .06，其隨機效果的 $\chi 2$ 值分別為 33.46 與 40.99，均達 .05 的顯著水準。從 ICC 值亦可得知相較於投票行為，各縣市間在參與競選活動上的變異較大。

在投票影響因素上，模式 2 顯示除了年齡與政治參與有顯著關聯外，其他控制變項皆未達顯著性，年齡愈長者，愈參與立委選舉投票，和既有文獻相符（王嵩音　2006；蕭怡靖與蔡佳泓　2010）。與既有文獻不同的是，屬於政治態度論中的政黨認同變項未能影響個人是否參與立委選舉的投票，本書指出不同於有利政黨競逐的單一選區兩票制投票與否研究（吳俊德與陳永福　2005；蔡佳泓　2001；蕭怡靖與蔡佳泓 2010），本書所研究的立委選舉特色為黨內競爭高於政黨間競爭，競選時，候選人也多強調個人而非政黨（盛治仁　2006）。當一個政黨推出多個候選人參選，黨內競逐激烈時，個人投票行為和政黨認同關聯較小，而與候選人特質較為有關，或可說選民對候選人的認同高於對政黨的認同。模式中，在加入控制變項後，截距變異量縮減至 0.08，$\chi 2$ 值已變為不顯著，表示縣市間投票的差異主要是因年齡因素而產生，年齡的解釋力高於縣市層次的控制變項。

---

[1] 　$\eta_{ij}=\beta_{0j}=\gamma_{00}\pm 1.96* \sqrt{\tau_{00}}$，$\varphi_{ij}=1/[1+\text{Exp}(-\eta_{ij})]$。 以 投 票 為 例，$\eta_{ij}=2.13\pm1.96* \sqrt{0.11}$ $=(2.781\sim1.479)$。$\varphi_{ij}=1/[1+ \text{Exp}(-\eta_{ij})]=(0.94\sim0.81)$。

表 7　1993 年縣市層次制度變項對投票影響之多層次邏輯迴歸分析結果

係數 (s.e.)　　變項	投票			
	模式 1	模式 2	模式 3	模式 4
固定效果				
縣市層次變項 (n=19)				
執政評價			-1.12 (0.86)	
制度信任				-0.86 (0.44)
人均生活扶助			-1.78 (1.06)	-1.64 (1.17)
人均急難救助			1.09 (0.62)	0.86 (0.66)
大專人口比		-2.27 (2.29)	6.05 (5.17)	4.80 (5.96)
農業人口比		0.94 (0.61)	2.27* (0.88)	1.68 (0.90)
選區規模		0.04 (0.02)	0.05* (0.02)	0.04* (0.02)
個人層次變項 (n=1,736)				
截距 (r_{00})	2.13***(0.11)	2.27***(0.11)	2.28***(0.09)	2.28***(0.09)
性別 (女性 =0)				
男性		0.07 (0.13)	0.07 (0.13)	0.07 (0.13)
年齡		0.05***(0.01)	0.05***(0.01)	0.05***(0.01)
教育程度		-0.02 (0.03)	-0.01 (0.03)	-0.01 (0.03)
收入		-0.03 (0.03)	-0.03 (0.03)	-0.03 (0.03)
族群 (非閩南人 =0)				
閩南人		-0.02 (0.20)	-0.03 (0.21)	-0.02 (0.20)
政黨認同 (無政黨認同 =0)				
有認同		0.13 (0.15)	0.12 (0.15)	0.12 (0.15)
隨機效果				
截距 (τ_{00})	0.11	0.08	0.08	0.09
χ^2	33.46*	21.09	17.01	17.22

資料來源：TSCS 1993；伊慶春（1992）；台灣省政府主計處（1992）；台北市政府主計處（1992）；高雄市政府統計處（1992）；政治大學選舉研究中心（2013）。

說明：*** 表示 $p<.001$；** 表示 $p<.01$；* 表示 $p<.05$。

表 8　1993 年縣市層次制度變項對競選活動影響之多層次邏輯迴歸分析結果

係數 (s.e.) 變項	競選活動參與			
	模式 1	模式 2	模式 3	模式 4
固定效果				
縣市層次變項 (n=19)				
執政評價			1.91 (1.14)	
制度信任				0.82 (0.68)
人均生活扶助			-1.46 (1.24)	-1.89 (0.98)
人均急難救助			2.19* (0.72)	2.69* (0.97)
大專人口比		2.01 (3.02)	11.57 (5.86)	14.28* (5.84)
農業人口比		-0.09 (0.95)	2.20 (1.04)	2.96* (1.23)
選區規模		-0.05 (0.03)	-0.05 (0.03)	-0.04 (0.03)
個人層次變項 (n=1,736)				
截距 (r_{00})	-2.58***(0.14)	-2.67***(0.17)	-2.73***(0.13)	-2.73***(0.13)
性別 (女性 =0)				
男性		0.17 (0.27)	0.18 (0.27)	0.18 (0.27)
年齡		0.01* (0.01)	0.02* (0.01)	0.01* (0.01)
教育程度		0.07 (0.04)	0.07 (0.04)	0.07 (0.04)
收入		0.13* (0.06)	0.13* (0.06)	0.13* (0.06)
族群 (非閩南人 =0)				
閩南人		0.16 (0.31)	0.27 (0.31)	0.23 (0.30)
政黨認同 (無政黨認同 =0)				
有認同		0.55***(0.16)	0.56***(0.16)	0.56***(0.16)
隨機效果				
截距 (τ_{00})	0.20	0.28	0.11	0.19
χ^2	40.99**	41.40***	17.66	23.86*

資料來源：TSCS 1993；伊慶春（1992）；台灣省政府主計處（1992）；台北市政府主計處（1992）；高雄市政府統計處（1992）；政治大學選舉研究中心（2013）。
說明：*** 表示 $p<.001$；** 表示 $p<.01$；* 表示 $p<.05$。

　　縣市執政評價氛圍未能影響投票與否，分析結果無法證實假設 2-8 的論述。人均生活扶助與人均急難救助給付對投票影響的係數方向符合假設所預期，但未達統計上的顯著性，故仍未支持假設 2-10 與假設 2-11 的論述。原本在模式 2 未達顯著性的農業人口比與選區規模，在加入制度變項後，反而呈現對依變項有顯著影響。較合理的解釋是農業人口比例較多與人口較多的縣市，人均生活扶助給付可能隨之增加，若不是此類社福資源不利於個人的投票參與，在農業人口比例較多與人口較多的縣市，投票行為還會更積極。

　　由投票影響因素的模式 3 可知農業人口比例愈高的縣市，個人愈可能被動員投票，符合既有研究的結果（陳明通　1995；蕭怡靖2008）。選區規模愈大，個人參與投票可能性愈高，也與既有文獻相符(Freire et al. 2012; Stockemer 2012)。在加入制度變項後，截距變異量仍未降低，表示農業人口比與選區規模無法有效解釋縣市間投票行為的變異。模式 4 和模式 3 相較，變項作用改變不大。由於縣市制度認知氛圍與縣市社福資源對投票行為皆無直接影響，依既有文獻的建議（陳俊瑋2010；溫福星與邱皓政　2009b），即使社會資本此中介變項對政治參與有影響，亦不需再進行多層次中介效果分析。

　　在表 8 中，在所有控制變項中，僅年齡、收入、政黨認同與競選活動參與有顯著關聯，模式 2 呈現年齡愈長、收入愈高與有政黨認同者，愈傾向參與競選活動。此結果呼應郭秋永（1992）的說法，相較於投票，參與競選活動需花費更多成本，擁有較多物質資源者才較可能參與。政黨認同和參與立委競選活動較為有關，與立委投票行為無關的研究結果，也與既有文獻相同（吳重禮等　2006）。然而，即使年齡、收入、政黨認同達顯著性，截距變異量仍未縮減，表示這些變項無法解釋縣市間競選活動參與的變異。

　　在競選活動參與影響因素中，模式 3 顯示縣市急難救助給付愈高，個人參與競選活動可能性愈高，其他制度變項皆與依變項無顯著關聯。加入縣市層次制度變項後，年齡、收入、政黨認同的既有作用並未改變，截距變異量卻明顯縮減至 0.11，$\chi 2$ 值也不再具有顯著性，表示人均急難救助給付為重要變因，或可說縣市人均急難救助可解釋縣市間競選活動參與約 45% 的變異。多層次邏輯迴歸分析結果顯示除了個人的收入外，縣市政府所發放的社福資源，亦可促進個人投入此類政治活動中。模式 4 與模式 3 相較，縣市層次變項中，除了急難救助給付外，大專人口比與農業人口比亦與依變項有關。不過，模式 4 的截距變異量與卡方值皆高於模式 3，表示並非為最佳模式，故探討縣市急難救助資源是否透過社會資本進而影響競選活動時，仍以模式 3 為主。

二、2005 年縣市層次制度變項與政治參與間關係

在表 9 多層次邏輯迴歸分析中，模式 1 的分析結果顯示，在 2005 年各縣市間，投票與競選活動參與具有顯著的變異，其隨機效果 $\chi 2$ 值均達 .05 的顯著水準，如同 1993 年一樣。投票與競選活動參與的 ICC 值則分別約為 .01 與 .09，表示不可忽略組內的相似性，而各縣市間參與競選活動的變異程度仍高於投票參與。在未放入任何預測變項下，受訪者投票和參與競選活動的平均機率分別為 69.4% 與 15.5%，[2]與附錄五的數據相近。

就個人特質與投票行為關係而言，年齡愈長、教育程度愈高與有政黨認同者，愈可能參與投票。在投票行為影響因素的模式 2 中，分析結果亦顯示在大專人口比例較多的縣市，個人投票行為較積極，其他縣市層級控制變項與依變項間無顯著關係。由於縣市層次大專人口比的影響力較弱，當模式 2 中的截距變異量減少至 0，代表縣市間投票行為的變異主要可由年齡、教育與政黨認同來解釋，而不是由縣市層次大專人口比所造成。[3]在 1992 年立委選舉中，政黨認同並無法有效預測投票行為，但在 2004 年，政黨認同卻顯著影響著個人的投票。原因在於 2000 年後親民黨與台聯的出現，或許增強了政黨間的競逐，進而增強有政黨認同選民的投票行為。或者說 2004 年多黨競逐的選舉有別於 1992 年主

2　投票與競選活動參與的 r_{00} 分別為 0.83 與 -1.69，相對機率比分別為 2.29 與 0.18[$Exp(\eta_{ij})$]，換算成參與投票與競選活動的機率公式為 [1/1+$Exp(-\eta_{ij})$]。

3　僅放入縣市層次控制變項於模式中，截距變異量為 .04，$\chi 2$ 值依舊顯著，表示縣市間投票變異主要可由個人層次變項來解釋。

要為國、民兩黨競逐，且著重候選人間競爭的選舉。[4]以親民黨與台聯
為例，在各縣市平均提名 2 至 3 位候選人，在黨內競逐不高情況下，此
時親民黨與台聯支持者的投票應傾向於政黨認同，而非候選人認同。

　　在模式 3 中，執政評價對投票行為的係數方向符合假設所預期，但
未達顯著性，代表假設 2-8 仍未能得到證實。處於生活救助給付與急難
救助給付較高的縣市中，個人較可能參與投票，分析結果與假設 2-10
相違，與假設 2-11 相符。加入制度變項後，大專以上人口比既有影響
力消失，表示大專以上人口比與依變項間關係為虛假相關，個人層次變
項的作用則未受到影響。相較於模式 2，模式 3 的 χ2 值進一步減少至
7.8。即使加入制度信任變項，模式 4 結果仍與模式 3 相同。和表 9 相
較，表 11 中兩類社福資源與投票間的顯著關係，支持了假設 2-14 的論
述，即相較於 1992 年，2004 年社福資源的增加，增強了社福資源對投
票行為的影響。

　　在競選活動參與方面，表 10 顯示個人年齡愈長與收入愈高者，參
與此類活動可能性較高。非閩南人與有政黨認同者，亦傾向參與此類活
動。加入控制變項後，截距變異量反而增加，表示這些控制變項非是解
釋縣市間競選活動參與差異的原因。加入縣市層次制度變項後，研究結
果發現處於愈不滿中央執政表現的縣市中與處於急難救助給付愈高的縣
市中，個人參與此類活動的可能性愈低。[5]在模式 3 中，截距變異量縮
減至 0.19，代表縣市層次執政評價和急難救助給付可解釋縣市間競選活
動參與約 42% 的變異。

4　在此並非意指 1992 年僅有國、民兩黨參與競選，而是就投票者角度而言，1992
　　年立委選舉，選民是從國、民兩黨所推薦候選人中選擇最適合人選，故選舉結果
　　呈現國、民兩黨共獲得約 91% 的立委席次。2004 年立委選舉時，國、民兩黨僅
　　獲得約 75% 席次，親民黨與台聯則共獲得 20% 的席次。既有研究亦顯示自 1989
　　年以後政黨分化程度逐漸增加（王業立　2006, 96），這似乎也意謂著政黨間競爭
　　較之前強烈。

5　將兩分變項的施政評價加入模型中，縣市層次施政評價對競選活動的影響反而變
　　得不顯著。

比較表 8 和表 10 中競選活動的影響因素，可得知在控制相關變項後，縣市急難救助給付是解釋競選活動參與的重要變項，具有跨時期的影響力。制度信任與競選活動參與間呈現顯著負相關，意謂著處於不信任中央政府的氛圍下，個人或許易受到同一縣市民眾輿論的影響，而投入競選活動中。由於一方面模式 3 與模式 4 的 $\chi2$ 值相差不大，二方面表中顯示制度信任對各類社會資本無直接影響，因此若進行中介效果分析時，仍以分析執政評價是否透過社會資本進而影響政治參與的路徑為主。

三、小結

由多層次邏輯迴歸分析結果可以發現縣市執政評價氛圍對投票無顯著影響，此結果符合政治課責的觀點，對中央執政表現的評價會影響選民是否投給執政黨所推薦的立委候選人，而非影響是否參與投票。不過，在民主鞏固時期，處於對中央執政評價較低的縣市中，個人反而較傾向參與競選活動，或許是因為受訪者日益不滿時政，易受同一縣市民眾不滿言論的氛圍所激發，欲透過參與此類活動以獲得情緒上的抒發。

研究結果也似乎支持假設 2-11 的論述，在 1992 年，由於社會福利政策綱領尚未訂定，兩類社福資源給付較少，無法左右個人於 1992 年底的立委投票。在 2004 年，因兩類社福資源的給付增加，處於兩類社福資源給付愈高的縣市中，個人愈積極參與 2004 年底的投票。選擇性福利資源與投票行為間的關係不同於國外研究 (Swartz et al. 2009)。在台灣，或許因教育程度的提昇，在各縣市中並未形成歧視低收入戶者的文化。不過，這樣的論述仍有待資料來佐證，因為一方面模式中並未加入社會資本變項，仍無法確認縣市社福資源是否對投票有直接影響，意即其作用可能是透過社會資本所產生。二方面，兩個年度縣市社福資源和投票間關係結果的比較，可能是因為資源增加所導致，亦可能是在特定時期所產生，故仍有必要整合兩年度的資料以進行分析。

　　值得注意的是，在兩個年度中，急難救助資源對競選活動參與的影響方向不同，這或許與參與此類活動所能得到的報酬逐漸減少有關。在接受報酬上，相較於 2004 年，1992 年立委競選活動並無文宣品不能超過 30 元的規定（陳運財與王業立　2002, 5），意謂著在 1992 年參加競選活動可得到額外的報酬，這些報酬或許已超過接受急難救助給付的金額，增強了個人參與此類活動的意願。在提供報酬上，同前所述，由於政黨輪替，司法逐漸獨立，提高候選人行賄成本，進而降低失業或遭遇緊急危難者得到更多報酬的機會。在考量到參與競選活動的成本已高於報酬情況下，造成在民主鞏固時期，呈現縣市急難救助給付與競選活動參與間的負相關。然而，參與競選活動的報酬是否為兩者間的曲解變項 (distortor variable)，[6]仍需後續研究來探討。

　　從兩種政治參與的影響因素來看，是否參與投票與個人特質較為有關，縣市層次制度變項非是影響個人投票的主因。其中，年齡具有跨時期的影響力，年齡愈長者，愈參與立委選舉投票。既有研究亦顯示（蔡佳泓　2001），不論是總統選舉或是省長選舉投票參與，年齡皆是重要預測變項之一。依 Plutzer(2002) 所言，隨著年齡增長，有愈來愈多人會成為習慣性投票者 (habitual voter)，雖然結婚等生活事件會影響投票習慣，但也僅是暫時的。這樣的論述或許可解釋為何相較於年輕人，年長者愈參與立委投票，即習慣使然。

6　將兩分變項的施政評價加入模型中，縣市層次施政評價對競選活動的影響反而變得不顯著。

表9　2005年縣市層次制度變項對投票參與影響之多層次邏輯迴歸分析結果

係數 (s.e.)　　　　變項	投票			
	模式1	模式2	模式3	模式4
固定效果				
縣市層次變項 (n=17)				
執政評價			-0.28　(0.18)	
制度信任				-0.37　(0.27)
人均生活扶助			2.39***(0.45)	2.36***(0.37)
人均急難救助			0.53*　(0.18)	0.46*　(0.20)
大專人口比		1.94*　(0.88)	0.87　(1.05)	0.82　(0.78)
農業人口比		1.02　(0.78)	0.67　(0.78)	0.75　(0.86)
選區規模		-0.01　(0.01)	-0.01　(0.01)	-0.01　(0.01)
個人層次變項 (n=1,560)				
截距 (r_{00})	0.83***(0.08)	1.12***(0.08)	1.11***(0.06)	1.11***(0.07)
性別 (女性=0)				
男性		-0.32　(0.18)	-0.31　(0.18)	-0.32　(0.18)
年齡		0.09***(0.01)	0.09***(0.01)	0.09***(0.01)
教育程度		0.05***(0.01)	0.05**　(0.01)	0.05**　(0.01)
收入		0.08　(0.04)	0.08　(0.04)	0.08　(0.04)
族群 (非閩南人=0)				
閩南人		-0.04　(0.12)	-0.04　(0.11)	-0.04　(0.11)
政黨認同 (無政黨認同=0)				
有認同		0.99***(0.11)	0.98***(0.11)	0.98***(0.11)
隨機效果				
截距 (τ_{00})	0.05	0	0	0
$\chi 2$	31.59*	12.86	7.80	7.97

資料來源：TSCS 2005；瞿海源（2003）；內政部（2005a）；政治大學選舉研究中心（2013）。
說明：1. 表中數值為加權後的數值；
　　　2. *** 表示 $p<.001$；** 表示 $p<.01$；* 表示 $p<.05$。

表 10　2005 年縣市層次制度變項對競選活動影響之多層次邏輯迴歸分析結果

變項 ＼ 係數 (s.e.)	競選活動參與			
	模式 1	模式 2	模式 3	模式 4
固定效果				
縣市層次變項 (n=17)				
執政評價			-1.44* (0.46)	
制度信任				-2.20* (0.78)
人均生活扶助			1.29　(1.82)	1.77　(1.85)
人均急難救助			-2.34** (0.59)	-2.84** (0.67)
大專人口比			-3.94　(2.76)	-4.58　(3.01)
農業人口比		0.66 (1.88)	-0.23　(1.33)	0.37　(1.28)
選區規模		-0.02 (0.02)	-0.01　(0.01)	-0.01　(0.01)
個人層次變項 (n=1,560)				
截距 (r_{00})	-1.69***(0.16)	-1.82***(0.18)	-1.83***(0.13)	-1.82***(0.13)
性別 (女性 =0)				
男性		0.14　(0.16)	0.13　(0.16)	0.13　(0.16)
年齡		0.02** (0.01)	0.02** (0.01)	0.02** (0.01)
教育程度		-0.01　(0.03)	-0.01　(0.03)	-0.01　(0.03)
收入		0.16***(0.04)	0.16***(0.04)	0.16***(0.04)
族群 (非閩南人 =0)				
閩南人		-0.42* (0.20)	-0.37* (0.18)	-0.37* (0.18)
政黨認同 (無政黨認同 =0)				
有認同		0.98***(0.22)	0.99***(0.22)	0.99***(0.22)
隨機效果				
截距 (τ_{00})	0.33	0.34	0.19	0.19
$\chi 2$	54.58***	44.62***	27.64**	26.70**

資料來源：TSCS 2005；瞿海源（2003）；內政部（2005a）；政治大學選舉研究中心（2013）。
說明：1. 表中數值為加權後的數值；
　　　2. *** 表示 $p<.001$；** 表示 $p<.01$；* 表示 $p<.05$。

　　而是否參與競選活動則與縣市層次制度變項較為有關，其中，急難救助給付的影響力最大，是解釋各縣市間此類活動參與差異的要素。就中介效果而言，目前僅剩三條中介路徑，第一條是 1993 年縣市急難救助給付透過工具性社參進而影響競選活動參與（見表 5 與表 8），第二條是 2005 年縣市急難救助給付透過工具性社參進而影響投票參與（見表 6 和表 9），第三條是 2005 年縣市急難救助給付透過工具性社參進而影響競選活動參與（見表 6 與表 10），因為符合多層次中介效果檢驗的前兩個步驟，若再符合步驟 3 與步驟 4，則可說此一中介效果的存在。

第二節　縣市層次制度變項與政治參與間關係：社會資本的中介作用

　　前一節已知在控制相關變項後，縣市層次制度變項對政治參與的直接作用，在此章節中將加入社會資本於模式中，除分析社會資本的作用外，亦觀察社會資本是否在制度變項與政治參與間扮演中介角色。由於社團內資源異質性分數是由社團內成員組成的異質性與成員所擁有的資源所構成，不受制度所影響。因此分析上，僅分析社團內資源異質性對政治參與的影響，而不分析制度變項透過社團內資源異質性進而影響政治參與的可能。

　　模式 1 包含控制變項與各類型社會資本，以了解社會資本對政治參與的直接作用。模式 2 與模式 1 相似，以社團內資源異質性取代情感性社參和工具性社參，以避免模型中的多元共線性問題，藉此可了解社會資本做為一種可接觸資源的作用。模式 3 與模式 4 為完整模式，包含控制變項、縣市層次執政評價、生活救助給付、急難救助給付與個人層次社會資本變項，可藉此觀察出制度變項的作用是否因社會資本的加入而減弱、消失。模式 4 與模式 3 相似，差異在於以制度信任來取代執政評價。

一、1993 年縣市層次制度變項、社會資本與政治參與間關係

　　在投票行為影響方面，在控制相關變項後，表 11 中的模式 1 顯示聯繫式社資愈多，愈可能參與投票。當聯繫式社資增加 1 分，個人投票

相較於不投票的可能性增加約 36%，符合假設 1-3 的預期。兩變項間關係應是透過侍從主義而產生，意謂著個人平時與里鄰長往來頻繁，愈可能被動員投票，藉此表達對恩主的忠誠。其他類型社會資本與投票行為間無顯著相關，表示親戚、朋友間或是社團成員內部間的規範與凝聚力，無法有效預測個人的投票。國外研究顯示結合式社資對非傳統性政治參與有所影響 (Alesina and Giuliano 2011)，本書則指出投票行為與抵制活動、政治時事閱讀、示威活動是不同面向的政治參與行為，如同 Alesina 與 Giuliano(2011) 研究結果，該研究結果顯示移民者的結合式社資愈多會減少閱讀政治時事的頻率，但對示威活動則無影響。在台灣，與親友間的密切聯繫雖無助於個人的投票，亦不會因為其封閉性凝聚力而降低對投票的參與。

另外，因為情感性社參和工具性社參不只是以參與一種社團進行測量，兩類社團參與內部仍可細分成許多社團，以工具性社參中的職業團體與社會團體為例，若兩類社團對投票的影響方向相左，則結果將呈現不顯著。故後續研究可測量個別社團對投票的影響，以佐證既有研究的發現，即職業團體會動員成員去參與投票，以支持特定政黨或候選人（Kerrissey and Schofer 2013; 許繼峰　1999）。

表 11　1993 年縣市層次變項與個人層次社會資本對投票參與影響之多層次邏輯迴歸分析結果

係數 (s.e.)　變項	投票			
	模式 1	模式 2	模式 3	模式 4
固定效果				
縣市層次變項 (n=19)				
執政評價			-1.28　(0.85)	
制度信任				-1.03*　(0.44)
人均生活扶助			-1.76　(1.00)	-1.56　(1.11)
人均急難救助			0.90　(0.59)	0.59　(0.63)
大專人口比	-1.81　(2.12)	-1.76　(3.63)	5.97　(4.94)	4.51　(5.69)
農業人口比	0.78　(0.62)	0.79　(0.95)	1.95*　(0.88)	1.12　(0.91)
選區規模	0.04　(0.02)	0.04　(0.03)	0.06**　(0.02)	0.04*　(0.02)
個人層次變項 (n=1,736)				
截距 (r_{00})	2.29***(0.11)	2.29***(0.12)	2.30***(0.10)	2.30***(0.10)
性別 (女性 =0)				
男性	0.03　(0.14)	0.03　(0.18)	0.02　(0.14)	0.02　(0.14)
年齡	0.05***(0.01)	0.05***(0.01)	0.05***(0.01)	0.05***(0.01)
教育程度	-0.01　(0.03)	-0.01　(0.03)	-0.01　(0.03)	-0.01　(0.03)
收入	-0.03　(0.03)	-0.03　(0.05)	-0.03　(0.03)	-0.03　(0.03)
族群 (非閩南人 =0)				
閩南人	-0.02　(0.20)	-0.01　(0.19)	-0.08　(0.21)	-0.07　(0.21)
政黨認同 (無政黨認同 =0)				
有認同	0.12　(0.15)	0.12　(0.17)	0.12　(0.15)	0.11　(0.15)
結合式社資	0.09　(0.08)	0.09　(0.09)	0.09　(0.08)	0.11　(0.08)
情感性社參	-0.15　(0.32)		-0.14　(0.33)	-0.15　(0.32)
工具性社參	-0.01　(0.16)		0.02　(0.16)	0.01　(0.15)
社團內資源異質性		-0.04　(0.08)		
聯繫式社資	0.31***(0.07)	0.31***(0.09)	0.31***(0.07)	0.31***(0.07)
隨機效果				
截距 (τ_{00})	0.07	0.07	0.08	0.08
$\chi2$	20.19	20.11	16.34	16.42

資料來源：TSCS 1993；伊慶春（1992）；台灣省政府主計處（1992）；台北市政府主計處（1992）；高雄市政府統計處（1992）；政治大學選舉研究中心（2013）。

說明：*** 表示 $p<.001$；** 表示 $p<.01$；* 表示 $p<.05$。

表 12　1993 年縣市層次變項與個人層次社會資本對競選活動影響之多層次邏輯迴歸分析結果

係數 (s.e.)　變項	競選活動參與			
	模式 1	模式 2	模式 3	模式 4
固定效果				
縣市層次變項 (n=19)				
執政評價			1.17　(1.11)	
制度信任				0.47　(0.84)
人均生活扶助			-1.36　(1.07)	-1.64　(1.69)
人均急難救助			2.69**　(0.70)	2.99*　(1.17)
大專人口比	2.57　(2.81)	2.41　(2.73)	12.34*　(5.14)	14.08　(8.48)
農業人口比	-0.26　(0.98)	-0.32　(0.96)	2.07　(1.16)	2.57　(1.74)
選區規模	-0.03　(0.03)	-0.03　(0.03)	-0.03　(0.03)	-0.03　(0.02)
個人層次變項 (n=1,736)				
截距 (r_{00})	-2.83***(0.18)	-2.83***(0.18)	-2.91***(0.13)	-2.91***　(0.16)
性別 (女性 =0)				
男性	0.01　(0.27)	0.01　(0.27)	0.02　(0.27)	0.01　(0.23)
年齡	0.01　(0.01)	0.01　(0.01)	0.01　(0.01)	0.01　(0.01)
教育程度	0.07　(0.04)	0.07　(0.03)	0.07　(0.04)	0.07　(0.04)
收入	0.11　(0.07)	0.10　(0.06)	0.11　(0.06)	0.11　(0.06)
族群 (非閩南人 =0)				
閩南人	0.06　(0.32)	0.03　(0.32)	0.17　(0.34)	0.13　(0.24)
政黨認同 (無政黨認同 =0)				
有認同	0.47**　(0.17)	0.50**　(0.16)	0.48**　(0.17)	0.47*　(0.22)
結合式社資	0.31**　(0.10)	0.32**　(0.10)	0.32**　(0.10)	0.32**　(0.12)
情感性社參	0.92***(0.24)		0.91***(0.24)	0.92***(0.25)
工具性社參	0.28　(0.23)		0.33　(0.23)	0.33　(0.22)
社團內資源異質性		0.34***(0.09)		
聯繫式社資	0.17　(0.15)	0.16　(0.15)	0.15　(0.15)	0.15　(0.11)
隨機效果				
截距 (τ_{00})	0.20	0.22	0.06	0.10
χ^2	31.08**	33.26**	13.83	15.69

資料來源：TSCS 1993；伊慶春（1992）；台灣省政府主計處（1992）；台北市政府主計處（1992）；高雄市政府統計處（1992）；政治大學選舉研究中心（2013）。

說明：*** 表示 $p<.001$；** 表示 $p<.01$；* 表示 $p<.05$。

　　表 11 模式 1 中的截距變異量略低於表 7 中的模式 2 數值，由 0.08
縮減至 0.07，代表聯繫式社資能解釋縣市間投票行為的差異。若將社會
資本視為個人所能接觸到社團內不同資源量來看，社團內資源異質性並
未能預測投票行為。在模式 3 中，即使加入制度變項，亦不影響聯繫式
社資的作用。有趣的是，原本制度信任與投票間無顯著關聯（見表 7 模
式 4），但在加入聯繫式社資後，縣市層次制度信任反而與投票間呈現
顯著負相關，探索其影響路徑後，可了解聯繫式社資提高了投票參與的
可能，若非縣市層次制度信任提昇了個人的聯繫式社資，否則處於愈不
信任制度的氛圍中，個人積極投票行為還會更明顯。

　　在模式 3 或是模式 4 中，截距變異量皆為 0.08，高於模式 1 中的數
據，表示縣市層次的制度變項，非解釋縣市間投票行為變異的要素。不
論是縣市政府的社福資源、個人的收入或是社團內可接觸的資源，皆對
投票無直接影響，顯示出物質資源無助於促進個人投票。這是因為相較
於美國，在台灣，投票日總是在假日，且投票所距離較近，故投票成本
相對較低（吳俊德與陳永福　2005），[7] 使得無論個人資源多寡，皆有相
同機會參與投票。

　　在表 12 影響競選活動參與的模式 1 中，可知道結合式社資愈多者
和有參加情感性社團者，較傾向參與競選活動，其他類別社會資本則
對依變項無顯著影響，符合假設 1-1 的預期。過去研究指出結合性社資
的負面作用 (Fukuyama 2001) 與對非傳統政治參與的影響 (Alesina and
Giuliano 2011; Guillen et al. 2011)，本書研究則發現結合式社資亦影響
傳統性的競選活動參與，左右著個人是否投入競選活動中。不過，這樣
的影響力並不是負面的，在現代社會中，親戚、朋友間的封閉性凝聚力
或許並不強烈，親戚、朋友間的拉票行為反而促成個人參與競選活動，
如同既有文獻所述（黃秀端　1995）。此外，由於結果顯示聯繫式社資

7　值得注意的是，若是針對身處海外的特定群體而言，台灣因為未實施不在籍投票
　　制度，原有的戶籍地投票規定，反而會增加這些群體的交通成本。

對投票和參與競選活動的影響並非相同，前者為顯著相關，後者則無顯著關聯，意謂著和鄰里長的互動不全然代表政治性的互動，亦有社會互動的性質存在。

由表中也可得知，不同類別社團其規範影響力是不同的。過去研究指出年齡對競選活動參與有所影響，年齡愈長，參與競選活動可能性愈高（王嵩音　2006；吳重禮等　2006；崔曉倩與吳重禮　2011），本書則指出這是透過社會資本所造成，是因為年齡愈長，所結識的親友也較多，愈可能受到親友影響而參與此類政治活動。在加入社會資本後，年齡既有作用消失，代表年齡和競選活動參與間為虛假相關。

以資源角度來看，社團內資源異質性與競選活動參與間為顯著正相關，代表個人接觸到愈多且愈異質的社團內資源，愈可能參與需花費一定成本的競選活動，研究結果支持假設 1-2 論述。模式 3 與模式 4 結果相似，顯示出縣市層次急難救助資源、政黨認同、結合式社資、情感性社參與和此類政治參與間有顯著關聯，完整模式中的 $\chi 2$ 值已未達顯著性，表示已找出關鍵變項。進一步整合表 8 與表 12 截距變異量的變化，兩類型社會資本與縣市層次急難救助資源能解釋縣市間競選活動參與共 70% 的變異，其中社會資本能說明約 25% 的變異量，表示制度論與社會資本論皆有一定程度的解釋力。在中介效果的影響路徑上，在第一條中介路徑中，工具性社參並未扮演中介角色，進而降低縣市急難救助資源對競選活動參與的作用，表示此類型社福資源對依變項的影響是直接的，而非是間接的。

二、2005 年縣市層次制度變項、社會資本與政治參與間關係

在投票影響因素上，表 13 模式 1 顯示在控制相關變項後，參與情感性社團者，較可能參與投票。結合式社資與工具性社參則對投票無顯著影響，此結果與表 11 相同。在模式 2 中，研究結果顯示社團內資源異質性和投票間呈現顯著正相關。同前所述，相較於競選活動或國外的

投票，我國投票為低成本的政治參與活動，兩變項間關係應非是社團內物質資源所造成，或許是在 2004 年立委選舉時，政黨間競逐更為激烈情形下，選民面對的資訊更為複雜，當個人所接觸社團內資源異質性愈多者，代表社團內部資訊流通與交換愈容易，這有助於個人做出投票與否的判斷。

Portes(2000) 認為民眾平均教育程度同時和社會資本、政治結果有關，未控制民眾平均教育程度或許造成社會資本和政治參與間的虛假相關，本研究則指出這樣的說法未能得到實證上的支持。兩個年度的資料皆顯示，民眾平均教育程度對投票無直接影響，意謂著社會資本和投票行為間非為虛假的。亦值得說明的是，本研究是從團體規範論出發，而非著重在技能學習論，將社團進行分類的結果，將導致各類社團對政治參與的影響力將低於參與社團總數。因為從學理出發，將社團分為情感性與工具性兩類，實際上，兩類社團成員絕非互斥，情感性或工具性社團中，次團體規範的程度亦不相同。當兩類次團體對政治行為影響方向相反時，更會降低情感性與工具性社參的作用。

林聰吉與楊湘齡（2008）研究便顯示相較於各類社團的影響，團體參與總數對政治參與的作用較為顯著，將其區分成各類別社團後，職業團體和社會交流團體對政治參與反而無顯著影響。在該研究中，在其他變項相同下，加入參與社團總數於模式中，其解釋力（修正後 R 平方值）明顯高於區分成各類社團的模式。後續研究若欲驗證技能學習論，而非團體規範論，則可探究團體參與總數和兩種政治參與行為間關係。

在完整模式中，加入社會資本變項後，兩類縣市社福資源仍能提昇個人投票的可能。在模式 3 中，縣市急難救助資源未因為加入工具性社參後，其作用減弱或消失，表示工具性社參並非扮演著縣市急難救助給付和投票間的中介角色，意即中介效果並不成立，前述的第二條中介路徑無法得到證實。研究結果顯示縣市急難救助給付不僅對工具性社參有直接影響，對投票亦有直接作用。表 13 模式 4 和表 9 模式 4 的分析結果不同，在 2005 年制度信任和投票間關係並未因加入社會資本後，兩變項間關係變為顯著，這似乎支持假設 2-9 的預期，在民主鞏固之前，投票行為近似於非民主國家，信任制度成為左右投票的因素之一，但在制度已建立的民主鞏固時期，制度信任應和投票抉擇較為有關，和投票與否無顯著關係。不過，由於在民主鞏固時期前，縣市層次制度信任與投票間的顯著關係是因為聯繫式社資加入而產生，本研究因欠缺兩年度聯繫式社資的資料，故無法進一步檢視縣市層次制度信任與投票間關聯是否隨時間變化而改變。意即在後一章節中，將略過假設 2-9 的檢證。整體而言，縣市層次社福資源、個人年齡、教育程度、政黨認同和情感性社參皆對投票有顯著影響。

在競選活動影響方面，模式 1 顯示結合式社資愈多和參與工具性社團者，較可能參加此類政治活動。此結果與表 12 相同，結合式社資具有跨時期影響力，不論處於 1993 年或是 2005 年，透過親友的拉票，皆可增進個人的參與。由表 12 和表 14 比較中，亦可知不同類型的社團其影響力則因年代而不同，雖然無法得知原因為何，至少支持了不同社會團體對政治參與影響力不同的發現（Klesner 2007; 林聰吉與楊湘齡 2008）。在加入社會資本變項後，截距變異量未縮減，表示即使社會資本具有影響，仍非解釋縣市間競選活動參與差異的要素。以社團內資源異質性取代橋接式社會資本，研究結果發現在控制相關變項後，個人能接觸愈多的社團內資源，其參與競選活動可能性愈高。

在第三條中介路徑中，縣市急難救助給付在加入工具性社參後，對依變項的作用減弱，原本係數為 -2.34 降至 -2.16，顯著性亦減弱，意謂著工具性社參在縣市急難救助給付和競選活動參與間扮演著中介角色。由於自變項和依變項間關係僅是減弱，故為部分中介效果。由於 $\chi2$ 值仍達顯著性，代表仍有其他變項可解釋為何競選活動在各縣市間有所差異，這值得後續研究去探討。

由兩年度的研究結果中，可發現社團內資源異質性對競選活動的作用大於投票行為，這不僅證實了參與行動需耗費資源 (Wright 2014)，由於競選活動所需投入的時間與金錢較投票為多，而社團內較多元的物質資源或資訊，可補充個人既有資源或資訊的不足，使得可接觸社團內資源者愈多者，愈可能參與此類政治活動，研究結果也呼應了 Son 與 Lin(2008) 的研究發現，即社團內資源異質性會對偏向政治性的公民參與有影響。

　　歸納以上分析結果可看出，制度論、政治態度論與社會資本論能部分說明個人為何投票。在影響力上，與 Klesner(2009) 以投票因素分數所得到的結果相似，聯繫式社會資本與情感性社團參與分別對 1993 年與 2005 年投票行為有重要影響。制度論、個體資源論、政治態度論與社會資本論則較能說明個人在競選活動上的參與行為。至於三條可能的中介路徑中，僅有一個得到實證資料的支持，即 2005 年縣市急難救助給付不僅對競選活動參與有直接影響，亦透過工具性社參進而影響競選活動參與。換言之，大部分的制度變項對政治參與的作用，非是透過社會資本而產生，制度變項影響力是直接且獨立的。這代表欲促成政治參與的增加，在社福資源總額不變下，可從分配社福資源著手。增加人均生活扶助，減少人均急難救助資源或許是一種可行方式，因為在民主鞏固時期，相較於人均生活扶助的影響力，人均急難救助資源對政治參與的影響力較弱，雖能提昇個人投票參與，卻會減少了對競選活動的參與。

表 13　2005 年縣市層次變項與個人層次社會資本對投票參與影響之多層次邏輯迴歸分析結果

係數 (s.e.)　　　　變項	投票			
	模式 1	模式 2	模式 3	模式 4
固定效果				
縣市層次變項 (n=17)				
執政評價			-0.25　(0.18)	
制度信任				-0.35　(0.28)
人均生活扶助			2.44***(0.52)	2.43***(0.41)
人均急難救助			0.54*　(0.19)	0.48*　(0.21)
大專人口比	1.92*　(0.87)	1.92　(0.90)	0.88　(1.19)	0.89　(0.87)
農業人口比	1.13　(0.83)	1.08　(0.83)	0.76　(0.83)	0.84　(0.90)
選區規模	-0.01　(0.01)	-0.01　(0.01)	0.01　(0.01)	0.01　(0.01)
個人層次變項 (n=1,560)				
截距 (r_{00})	1.13***(0.08)	1.11***(0.08)	1.12***(0.07)	1.12***(0.07)
性別 (女性 =0)				
男性	-0.30　(0.18)	-0.31　(0.18)	-0.30　(0.18)	-0.30　(0.18)
年齡	0.09***(0.01)	0.09***(0.01)	0.09***(0.01)	0.09***(0.01)
教育程度	0.04**　(0.02)	0.04**　(0.02)	0.04**　(0.02)	0.04**　(0.02)
收入	0.07　(0.04)	0.07　(0.04)	0.07　(0.04)	0.07　(0.04)
族群 (非閩南人 =0)				
閩南人	-0.02　(0.12)	-0.04　(0.12)	-0.03　(0.12)	-0.02　(0.12)
政黨認同 (無政黨認同 =0)				
有認同	1.00***(0.10)	0.99***(0.10)	1.00***(0.10)	1.00***(0.10)
結合式社資	0.08　(0.08)	0.08　(0.08)	0.08　(0.08)	0.08　(0.08)
情感性社參	0.56**　(0.19)		0.56**　(0.19)	0.57**　(0.19)
工具性社參	-0.11　(0.18)		-0.09　(0.18)	-0.09　(0.18)
社團內資源異質性		0.09*　(0.04)		
隨機效果				
截距 (τ_{00})	0	0	0	0
χ^2	13.71	13.63	8.47	8.59

資料來源：TSCS 2005；瞿海源（2003）；內政部（2005a）；政治大學選舉研究中心（2013）。
說明：1. 表中數值為加權後的數值；
　　　2. *** 表示 $p<.001$；** 表示 $p<.01$；* 表示 $p<.05$。

表 14 2005 年縣市層次變項與個人層次社會資本對競選活動影響之多層次邏輯迴歸分析結果

係數 (s.e.) 變項	競選活動參與			
	模式 1	模式 2	模式 3	模式 4
固定效果				
縣市層次變項 (n=17)				
執政評價			-1.38* (0.54)	
制度信任				-2.12* (0.81)
人均生活扶助			1.77 (5.86)	1.94 (1.99)
人均急難救助			-2.16* (0.62)	-2.64** (0.70)
大專人口比	0.97 (1.71)	1.04 (1.68)	-3.81 (3.19)	-4.49 (3.25)
農業人口比	0.79 (1.74)	0.87 (1.75)	-0.10 (1.38)	0.48 (1.33)
選區規模	-0.01 (0.02)	-0.01 (0.02)	-0.01 (0.01)	-0.01 (0.01)
個人層次變項 (n=1,560)				
截距 (r_{00})	-1.92***(0.18)	-1.92***(0.18)	-1.93***(0.13)	-1.91***(0.14)
性別 (女性 =0)				
男性	0.15 (0.17)	0.17 (0.17)	0.14 (0.17)	0.13 (0.17)
年齡	0.01 (0.01)	0.01 (0.01)	0.01 (0.01)	0.01 (0.01)
教育程度	-0.03 (0.02)	-0.03 (0.02)	-0.03 (0.02)	-0.03 (0.02)
收入	0.14** (0.04)	0.14** (0.04)	0.14** (0.04)	0.15** (0.04)
族群 (非閩南人 =0)				
閩南人	-0.45* (0.20)	-0.45* (0.20)	-0.40* (0.18)	-0.40* (0.18)
政黨認同 (無政黨認同 =0)				
有認同	0.99***(0.21)	1.00***(0.21)	1.00***(0.21)	1.00***(0.21)
結合式社資	0.35***(0.06)	0.36***(0.06)	0.35***(0.06)	0.35***(0.06)
情感性社參	0.09 (0.23)		0.08 (0.23)	0.09 (0.23)
工具性社參	0.69** (0.20)		0.67** (0.20)	0.67** (0.20)
社團內資源異質性		0.29** (0.10)		
隨機效果				
截距 (τ_{00})	0.33	0.33	0.21	0.20
χ^2	40.75***	41.30***	28.70**	27.31**

資料來源：TSCS 2005；瞿海源（2003）；內政部（2005a）；政治大學選舉研究中心（2013）。

說明：1. 表中數值為加權後的數值；

　　　2. *** 表示 $p<.001$；** 表示 $p<.01$；* 表示 $p<.05$。

第三節　制度變遷、社會資本與政治參與間關係

　　由前一節的陳述中，已了解縣市層次制度變項對社會資本與政治參與的影響。從文獻回顧與研究結果的比較中，亦可了解到縣市層次執政評價與社福資源因儒家文化價值觀面臨現代化的轉變與社福政策的影響，對社會資本與政治參與產生不同的作用。在本章節中，便是要驗證假設 2-3、2-12 和 2-13 的論述，一方面在確認社團參與對政治參與的影響是否因為在不同的制度背景下，而有所差異，以合理推論此差異的來源。二方面在了解執政評價氛圍對情感性社參的作用是否因儒家文化價值觀的轉變而減弱，三方面在發現縣市層次社福資源是否因資源增加而增強其影響力。換言之，便在於檢驗制度變遷對社會資本與政治參與的影響。

一、社會資本對政治參與的跨時期作用

　　由前一章可發現結合式社資的多寡較少受到國家制度所左右，與儒家文化中家族主義較為有關。相反地，兩類社團參與行為則受到制度的影響，情感性社參分別受到縣市制度評價認知與生活扶助資源的影響，而工具性社參則與急難救助資源密切相關。由於前一節已證實社團參與可促成政治參與行為，這暗指著若制度發生改變，兩類社團參與行為對政治參與的影響亦會隨之改變，在確認是何種制度變遷影響著社團參與前，先對社團參與對政治參與作用是否隨不同制度環境而改變的假設進行檢證。

　　在表 15 中，控制基本人口變項後，加入社會資本變項和社會資本與時間交互作用變項於模型中，皆能提升模型的解釋力，表示在個體層次中，社會資本為解釋兩類政治參與行為的重要變項，不亞於個人資源或是政治態度的效用。由模式 2 可發現，結合式社資愈多者，愈可能參與投票，情感性社參與時間的交互作用變項對投票有正向影響，表示情

感性社參對投票的作用隨時間而增加，其他兩類社會資本則未呈現出跨時期的影響力。因為前一章研究結果顯示生活扶助資源量的增加，並未如預期般，增強此社福資源對情感性社參的影響力，即大幅降低對此類社團的參與，故即使假設 2-12 得到資料支持，即：情感性社團參與對投票影響隨時間而增加，也無法推論此影響力的增加是因為參與情感性社團者得到更多的生活扶助資源所導致，畢竟得到愈多生活扶助資源者，愈可能退出或選擇不加入此類團體。

表15　結合式和橋接式社會資本對政治參與跨時期影響之邏輯迴歸分析結果

係數 (s.e.) 變項	投票		競選活動參與	
	模式 1	模式 2	模式 1	模式 2
常數	0.27　(0.33)	-0.89*　(0.37)	-4.40***(0.40)	-4.07***(0.42)
結合式社資		0.24**　(0.08)		0.38***(0.11)
情感性社參		-0.24　(0.27)		0.93***(0.24)
工具性社參		-0.06　(0.21)		0.24　(0.22)
結合式社資 × 時期		-0.14　(0.10)		-0.06　(0.13)
情感性社參 × 時期		0.82*　(0.35)		-0.79**　(0.31)
工具性社參 × 時期		0.08　(0.26)		0.50　(0.27)
時期		-1.83***(0.13)		0.66***(0.16)
性別 (女性 =0)				
男性	-0.18　(0.10)	-0.20　(0.11)	0.09　(0.13)	0.09　(0.13)
年齡	0.05***(0.01)	0.08***(0.01)	0.02***(0.01)	0.01*　(0.01)
教育程度	-0.09***(0.02)	0.01　(0.02)	0.04*　(0.02)	0.01　(0.02)
收入	0.05*　(0.03)	0.05　(0.03)	0.12***　(0.04)	0.13***(0.04)
族群 (非閩南人 =0)				
閩南人	-0.05　(0.11)	-0.01　(0.11)	-0.40**　(0.12)	-0.44***(0.12)
政黨認同 (無政黨認同 =0)				
有認同	0.60***(0.10)	0.65***(0.10)	0.80***　(0.14)	0.77***(0.15)
n=3,296				
Nagelkerke R^2	.15	.27	.09	.15

在競選活動影響因素方面，結合式社資愈多、有參與情感性社團者，其投票可能性愈高。然而，相較於 1993 年，在 2005 年情感性社

參對投票的作用減弱，亦符合假設 2-12 的論述。由於工具性社參對兩類政治參與行為的作用並未因年代而改變，故將焦點放置在情感性社參上。若能發現縣市執政評價氛圍對情感性社參影響力的減弱，在情感性社參能促進競選活動參與情況下，則較能合理推論情感性社參作用的變化是因為縣市執政評價氛圍的改變。

二、縣市層次執政評價變遷與情感性社參間關係

表 16 為合併兩年度資料所進行的多層次邏輯迴歸分析，模式 1 為虛無模式 (null model)，不放入任何變項，可了解合併兩年度資料後，情感性社參在縣市間的變異程度。模式 2 加入個人層次變項。模式 3 加入縣市層次變項、時期變項與縣市執政評價、時期的交互作用變項，以了解制度變遷的作用。也值得一提的是，在兩個年度的調查資料中，只有 15 個縣市是相同的，將所排除的受訪者和 15 個縣市受訪者相較，在情感性社參上，未有顯著差異，[8] 代表表示排除不同縣市的受訪者，並不影響分析結果。不過，嚴格來說，研究結果仍僅能推論至 15 個縣市中。[9]

在表 16 模式 1 中，研究結果顯示情感性社參的變異多來自個人之間，約占 94%，[10] 其次才是來自縣市之間。由變異程度來看，和表 7 與表 8 結果，相差不大。在個人層次變項中，年齡愈長、結合式社資愈多、有政黨認同與有參與工具性社團者，其參與情感性社團可能性愈高。合併兩年度資料後的結果，略微不同於前表結果。在表 5 與表 6 中，年齡與政黨認同對情感性社參的影響，是依不同時期而有所差異。

8　將兩個年度所排除掉的遺失值，分別與 15 個縣市的資料相較，在情感性社團參與上未有顯著差異，卡方檢定 p 值分別為 0.29 與 0.21。

9　2005 年各縣市內政統計指標顯示這 15 個縣市中 15 歲至 64 歲的人口數占台灣地區相同年齡層總人口數的 84.7%，表示分析結果能推論至大部分地區。

10　$[(3.29/(3.29+0.2+0.04)] \times 100\%=93\%$。

但就此 15 個縣市而言，變項間的關係是顯著的，這表示未包含在內的縣市，變項間的關係略微不同於此 15 個縣市。

　　以結合式社資為例，在表 6 與表 7 中，結合式社資與情感性社參間關係皆未達顯著性，但在表 16 中，卻顯示結合式社資對情感性社參有影響力。這是因為不論在 1993 年或是 2005 年，15 個縣市中，結合式社資與情感性社參間的關係達顯著正相關（p 值分別 <.001 與 .03，資料未顯示於表中），但若僅分析 1993 年被排除的 4 個縣市與 2005 年被排除的 2 個縣市資料，兩變項間反而在相關係數上未達顯著性（p 值分別為 .22 與 .071，資料未顯示於表中），在 2005 年，變項間的相關係數甚至呈現負值。依此，便可說明未包含在內的縣市，其變項間的關係是不同於此 15 個縣市的，並呼應前述此推論結果的限制。至於探討為何在不同縣市中，個人層次變項在影響情感性社參的作用上有所差異，由於非是本節研究目的，故不再予以探究。在情感性社參的可解釋變異量上，加入個人層次變項後，截距變異量縮減至 0.14，表示年齡、政黨認同、結合式社資與工具性社參可解釋約 36% 縣市間的變異。

　　在模式 3 縣市層次影響因素中，除了執政評價相關變項外，其他變項皆未能影響依變項。假設 2-1 認為個人處在對中央政府施政評價較正面縣市中，愈投入情感性社團活動，在模式 3 中得到支持，在此 15 個縣市中，兩者間關係相當顯著。執政評價和時期間的交互作用對情感性社參產生負向影響，代表縣市層次執政評價氛圍對此類社團參與的作用隨時期而減弱，源於特定歷史記憶，影響個人參與集體意識氛圍的作用，因現代化的衝擊，儒家文化中重集體的價值觀已轉為表現自我、重視自由，因此至 2005 年，已較少受此氛圍所左右。Szreter(2002) 所指的集體意識的確有其影響力，但在民主鞏固時期，重視自主與自由的現代性價值觀使得縣市脈絡的作用明顯減弱。因此，本書認為美國現今民眾橋接式社會資本的減少，不僅是個人對制度評價趨向負面所造成，也是因為個人更加自由，個人意識抬頭，不想參與集體活動所致。這符合 Thomson(2005) 所言的，在歐洲價值調查 (European Value Survey) 報告中顯示美國是最崇尚個人自由更甚於平等的國家，美國社會資本的下降，使學者擔心是個人過度自由或過度個人主義所導致。

在控制縣市與個人層次變項後，時期仍對情感性社參產生影響，表示 2005 年個人參與此類社團的機率明顯高於 1993 年。就模式 3 可解釋變異量來看，截距變異量進一步縮減至 0.11，縮減幅度少於模式 2，縣市層次執政評價與執政評價、時期間的交互作用可解釋縣市間情感性社參約 14% 的變異。表中的卡方值仍為顯著，意謂著在此 15 個縣市中，仍有其他縣市層次變項可解釋縣市間的差異。整體而言，在此模式中，縣市與個人層次變項共能解釋縣市間 50% 的變異。在整合表 15 與表 16 後，可以合理地說情感性社參對競選活動影響力的減少是由於傳統文化價值觀轉變使得縣市執政評價作用減弱所致，或可說在儒家文化價值觀的變化，改變了情感性社參的效用。

圖 5 為民主鞏固時期前各縣市施政評價和情感性社參率的分布圖，由圖中亦可發現相同結果，在 1992 年，新竹縣民眾對中央政府施政滿意度最高，隔年新竹縣民眾參與情感性社團比例是最高的。相反地，嘉義縣民眾對中央政府施政滿意度最低，隔年的情感性社參比例則不高。兩者間 Pearson 相關係數為 .62，在雙尾檢定下達顯著相關 (p=.014)，代表著在民主鞏固時期前，縣市施政評價氛圍影響著個體的社團參與行為。但就圖 6 顯示，在民主鞏固時期，嘉義縣民眾最滿意中央政府施政表現，其情感性社團參與率反而最低。苗栗縣民眾的施政評價分數最低，其情感性社團參與率也低，表示兩變項間已無明顯關聯，Pearson 相關係數為 -.45，未達顯著性。

熊瑞梅等（2010）指出民主效能不佳是民眾參與下降的可能因素之一，本研究的數據則支持此一論述，政府的效能不佳特別影響到民眾的情感性社參，而非是工具性社參，這或許是由於情感性社團為注重集體情感與凝聚力的團體，其參與者亦可能有類似特質，故易受縣市中集體氛圍所影響。當縣市中其他民眾對中央政府的執政評價愈低時，會降低個人參與此類社團的可能。由表 16 結果也可合理說明為何執政評價逐年下降，民眾的情感性社參卻逐漸增加，主要在於在民主鞏固時期，縣市執政評價氛圍對個人參與此類社團影響力已顯著下降，個人已少受同一縣市其他民眾透過輿論或非正式控制方式所影響，而多受到個人特質所左右。比較個人層次特質在兩年度的變化後（見附錄六），可知相較於民主鞏固時期前，在民主鞏固時期，情感性社參的增加，是受訪者年齡較長與政黨認同者增加的緣故，因為促成情感性社參增加的結合式社資與工具性社參，在兩年度間，皆無顯著變化。

　　由執政評價氛圍作用變遷來看，顯示縣市內其他民眾觀點對個人影響的弱化與個人自主意志的抬頭。不過，即使其作用減弱，至少在這 15 個分析縣市中，縣市執政評價氛圍仍對個人情感性社參有部分影響力。而至於縣市執政評價氛圍至今是否仍左右著個人的情感性社參，則有待後續研究以本文為基礎來進行比 較，藉此並可補充 Szreter(2002) 集體意識形塑說的不足處。

表 16　情感性社團參與影響因素之多層次邏輯迴歸分析結果

係數 (s.e.) 變項	情感性社參		
	模式 1	模式 2	模式 3
固定效果			
縣市層次變項 (n=30)			
執政評價 × 時期			-3.99** (1.09)
執政評價			3.21***(0.80)
人均生活扶助			0.16　(0.89)
人均急難救助			-0.39　(0.51)
大專人口比			0.43　(2.76)
農業人口比			-0.05 (0.73)
選區規模			-0.02　(0.01)
時期			10.41**　(3.64)
個人層次變項 (n=3,011)			
截距 (r_{00})	-1.99***(0.11)	-2.19***(0.09)	-2.19*** (0.08)
性別 (女性 =0)			
男性		-0.09　(0.09)	-0.06　(0.10)
年齡		0.03*** (0.01)	0.03***(0.01)
教育程度		0.03　(0.02)	0.03 (0.02)
收入		0.05　(0.03)	0.05　(0.03)
族群 (非閩南人 =0)			
閩南人		-0.18　(0.14)	-0.07　(0.13)
政黨認同 (無政黨認同 =0)			
有認同		0.21* (0.09)	0.22* (0.09)
結合式社資		0.10* (0.05)	0.10* (0.05)
工具性社參		1.22*** (0.14)	1.22***(0.14)
隨機效果			
截距 (τ_{00})	0.22	0.14	0.11
χ^2	92.98***	65.88***	39.83**

資料來源：TSCS 1993；伊慶春（1992）；台灣省政府主計處（1992）；台北市政府主計處（1992）；高雄市政府統計處（1992）；TSCS 2005；瞿海源（2003）；內政部（2005a）；政治大學選舉研究中心（2013）。

說明：*** 表示 $p<.001$；** 表示 $p<.01$；* 表示 $p<.05$。

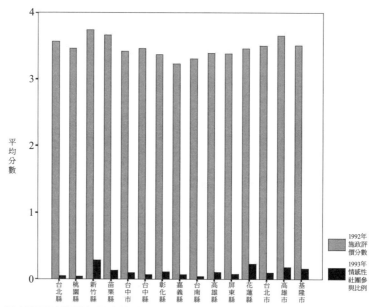

圖 5　民主鞏固時期前各縣市施政評價與情感性社團參與率分布圖（1992、1993 年）

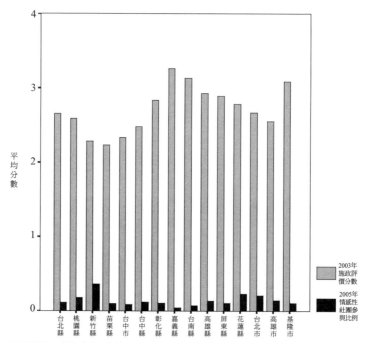

圖 6　民主鞏固時期各縣市施政評價與情感性社團參與率分布圖（2003、2005 年）

三、縣市層次社福資源變遷與投票間關係

表 17 為合併兩年度資料所進行的多層次邏輯迴歸分析，依變項為投票行為。模式 1 顯示投票行為的變異約 13% 來自縣市間，約 87% 來自個人之間。此截距變異量高於表 11 與表 13，代表所分析的 15 個縣市資料，縣市間投票行為的變動大於原有的分析縣市。在個人層次變項中，女性、年齡愈長、有政黨認同、結合式社資愈多與有參與情感性社團者，較可能參與投票。然而，這些達統計顯著性的個人層次變項卻無法解釋縣市間投票行為的變異，加入這些變項後，截距變異量不降反升，卡方值也未降低。和模式 1 相較，模式 2 反而是配適度不佳的模式。

加入縣市層次變項與交互作用變項於模式 3 後，研究結果發現只有人均生活扶助與時期間的交互作用對依變項有所影響，表示生活扶助資源隨時間的增加，增強了對個人投票行為的作用，代表制度的變遷的確造成不同的影響。縣市人均急難救助與時期間的交互作用對依變項無顯著影響，原因或許在於相較於生活扶助資源，此類資源增加較少（見圖 1），故難以對個人行為產生影響。縣市人均生活扶助與急難救助對投票的影響方向，雖符合假設 2-10 與 2-11 所預期，但仍未達顯著性，代表在 15 個縣市中，這兩類縣市社福資源對個人投票與否無直接影響。Fukuyama(2001) 提出國家應營造公共安全的環境，以利民眾的社會與政治參與的論點，卻未指出此安全環境的標準底線，本書則指出即使有社福資源的安全保障，在扶助金額偏低下，仍不足以誘發民眾去投票，只有在社福資源大幅增加時，才可增加民眾投票可能性。

由模式 3 亦可發現生活扶助資源變遷是解釋縣市間投票行為變異的主因，加入人均生活扶助與時期間的交互作用後，由截距變異量大幅縮減至 0.01，卡方值轉為不顯著便可得知。社會福利政策綱領的施行，原來要促進社會與經濟均衡發展，但在台灣各縣市歧視文化不明顯下，由於此資源的挹注，營造出安穩的生活環境，反而促成較多人去投票，增

進了政治參與的機會，實為非預期的結果。

　　Lister(2007) 與 Swartz 等人 (2009) 分別以凝聚力與歧視文化來說明選擇性社福制度對個人投票的作用，但本書整合兩個年代的分析結果卻無法證實生活扶助資源的負面影響。這或許是因為一方面，在台灣的社福體系，並非為西、北歐國家的制度式福利，即國家積極扮演福利供給角色，以維持國內凝聚力。台灣的殘餘式社福制度，只有在家庭失能下，國家才提供協助，以維持民眾基本的生存權（林萬億　2006, 13-14）。當生活扶助資源僅在滿足日常生活所需，而非是滿足社會性的需求時（呂朝賢　1999），欲追求更好生活品質的低收入戶者，可能會以工作為優先，而放棄投票，使得生活扶助資源對投票行為的影響力變為不顯著。

　　另一方面，國內既有文獻並未發現選擇性社福資源的發放，會產生歧視文化。因此，在歧視文化不強烈或不存在的前提下，假設貧窮受訪者會受同一縣市民眾的歧視輿論而減少投票可能的論述，自不會受到實證資料所支持。總言之，雖然在台灣，相較於競選活動，投票屬於較低成本的政治參與行為，但足夠的生活救助給付，或許可營造出安全的生活環境，增加個人投票的可能，故假設 2-13 的論述獲得支持。上述相關假設檢證的結果，整理如表 18。

　　這些受到實證支持的一些假設論述，有時在新聞報導中亦可見到。假設 1-1 的內容，可於 2012 年立委選舉的新聞報導得知，不論是國民黨、民進黨，或是台灣國民會議候選人仍會積極動員親友，營造競選活動的熱鬧氣氛，甚至透過拜訪親友來增加自身的支持度（魯永明　2012）。而這些被拜訪的親友或許基於互惠原則，提高後續被動員投入競選活動的可能。假設 1-3 也可於常見的立委選舉賄選新聞來證實，如：1992 年立委選舉時，各地皆查獲立委候選人透過村里長與鄰長來買票的行為（潘立明　1992；薛光輝　1992）；2004 年立委選舉時，高雄縣鍾姓立委候選人也是透過基層里長來行賄選民，以達成投票支持的目的（鮑建信等　2004）。若從選民的角度來看，選民與里鄰長互動愈頻繁，意謂著成為椿腳，被動員投票的機率也愈高。同樣的，隨著現代化，個人日愈傾向個人主義，朝向非社會性發展，使得追究責任時，看似每個人都有責任，卻也都可以不必負責，這顯示集體規範對個人的影響減弱（李永展　2014）。在此條件下，集體氛圍對個體影響隨之減弱，故支持了假設 2-3 的內容。

　　假設 1-2 與假設 2-13 的內容雖無新聞資訊做為佐證，卻可由資訊成本與資源挹注角度來理解。不同於有明確日期的投票活動，個體欲參與競選活動需要明確的資訊，方能挪出時間來參與，參與時可能還需要耗費其他的物質資源。然而，當一個個體參與許多社團時，這樣的資訊成本就傾向於零。因為候選人選舉造勢的管道之一便是透過社團成員的參與和動員，或可說社團參與者可從其他社團成員間得到許多的競選活動資訊，接觸異質性高的社團成員，所得到的資訊或許將亦豐富，如此一來，將降低了競選活動參與的障礙與成本，提高個體對競選活動的參與。相較於競選活動，雖然投票參與所花費成本較低，但不代表每個人皆有能力去參與，特別是在貧窮線以下的個體。在溫飽重於一切的考量下，投票日若仍需工作才能養活家人，貧窮個體應會選擇工作而不是投票，但若所補助的資源有所餘裕，合理而言，一些貧窮個體應會受鼓勵而選擇參與投票活動。

　　從 15 個縣市的分析結果來看，制度變遷確實影響社會資本中的情感性社參與政治參與中的投票行為。面對逐漸下滑的社會參與和投票參與率，國家仍可透過制度面向來改善既有情形。一是提昇中央政府自我效能，增加民眾對中央政府的正向評價，藉由縣市的脈絡效果，促使個人參與集體性較強烈的情感性社團。雖然此脈絡效果，隨著儒家文化價值觀的現代化而減弱，但對個人社團參與仍有部分影響力。二是從社福資源分配著手，增加生活扶助資源，可提高投票參與的可能。在 2012 年，政府為因應物價調漲，而建立依消費者物價指數而調整生活補助給付的制度，這使得相較於 2011 年，2012 年低收入戶的生活扶助給付增加約 36% 左右（行政院主計處　2013），由研究結果進行推論，應能增

加 2012 年民眾參與立委選舉的投票率，由圖 2 顯示的確如此，2012 年
立委選舉投票率約為 74% 遠高於 2008 年的 58%。即使如此，由於影響
2012 年立委選舉投票率增加的因素仍包含合併選舉制度此項，雖然合
併選舉制度並未提升 2012 年總統選舉的投票率，但後續研究仍有必要
區分合併選舉與縣市生活扶助資源的增加對投票行為的相對影響。

表 17　投票影響因素之多層次邏輯迴歸分析結果

係數 (s.e.)	投票		
變項	模式 1	模式 2	模式 3
固定效果			
縣市層次變項 (n=30)			
人均生活扶助 × 時期			2.04* (0.84)
人均急難救助 × 時期			-0.30 (0.90)
執政評價			-0.11 (0.33)
人均生活扶助			-0.06 (0.56)
人均急難救助			0.70 (0.87)
大專人口比			-0.21 (1.59)
農業人口比			0.82 (0.75)
選區規模			0.01 (0.01)
時期			-7.64 (5.40)
個人層次變項 (n=3,011)			
截距 (r_{00})	1.51***(0.14)	1.71***(0.17)	1.75*** (0.08)
性別 (女性 =0)			
男性		-0.25* (0.11)	-0.26* (0.12)
年齡		0.07*** (0.01)	0.08***(0.01)
教育程度		0.01 (0.02)	0.01 (0.02)
收入		0.05 (0.03)	0.05 (0.03)
族群 (非閩南人 =0)			
閩南人		0.01 (0.13)	0.01 (0.11)
政黨認同 (無政黨認同 =0)			
有認同		0.68*** (0.11)	0.69***(0.13)
結合式社資		0.10* (0.05)	0.12* (0.06)
情感性社參		0.42* (0.19)	0.42* (0.21)
工具性社參		-0.05 (0.14)	-0.07 (0.13)
隨機效果			
截距 (τ_{00})	0.47	0.76	0.02
χ^2	243.64***	311.36***	28.45

資料來源：TSCS 1993；伊慶春（1992）；台灣省政府主計處（1992）；台北市政府主計處（1992）；高雄市政府統計處（1992）；TSCS 2005；瞿海源（2003）；內政部（2005a）；政治大學選舉研究中心（2013）。

說明：*** 表示 $p<.001$；* 表示 $p<.05$。

表18　16個假設檢證的結果與理論涵義

假設內容	結果	理論涵義
1-1：個人所擁有的結合式社資愈多，愈可能參與競選活動。	符合	儒家文化中社會價值的轉變，使得親友間的封閉性凝聚力已非是政治參與的阻力，而是助力。
1-2：個人所接觸到的社團內資源異質性愈高，愈可能參與競選活動。	符合	參與競選活動較需投入資源，社團內異質性資源可做為挹注資源。
1-3：個人所擁有的聯繫式社資愈多，愈可能投票。	符合	驗證民主鞏固時期前的恩主侍從關係，透過里鄰長動員投票。
2-1：處在對中央政府施政評價較正面縣市中，個人愈參與社團活動。	部分符合	縣市施政評價所代表的集體意識與凝聚力較高的情感性社團較有關聯。
2-2：處在對中央政府施政評價較正面縣市中，個人聯繫式社資較多。	不符	Szreter認為橋接式與聯繫式社資可同時受施政評價影響的假定是有誤的。
2-3：縣市執政評價氛圍對社團參與的影響隨時間而變小。	符合	現代性價值觀偏向自由降低個人受集體意識影響的可能。
2-4：在縣市層次中，中央政府信任度與個人社團參與間無直接關聯。	符合	制度信任與社團參與間應是透過社會信任方式間接產生。
2-5：處在生活救助給付愈多的縣市中，個人參與社團活動愈少。	部分符合	資源取代效果存在於民主鞏固前期。
2-6：處在急難救助給付愈多的縣市中，個人參與社團活動愈多。	不符	一致性社福資源並非是資源挹注效果，而是取代效果。
2-7：縣市生活與急難救助給付對個人社團參與影響力隨時間而增強。	不符	人均社福資源量的增加，對社團參與行為無直接影響。
2-8：處在對中央政府施政評價愈低的縣市中，個人愈不參與投票。	不符	施政評價應與投票抉擇較為有關，與投票與否無關。
2-9：縣市制度信任氛圍對個人投票作用在政黨輪替後而減弱或消失。	不符	制度信任對投票的作用是透過聯繫式社資而產生。
2-10：處在生活救助給付愈多的縣市中，個人投票行為愈少。	不符	選擇性社福資源並未產生污名性文化，阻礙個人投票。
2-11：處在急難救助給付愈多的縣市中，個人投票行為愈多。	部分符合	一致性社福資源對投票有正向助益。
2-12：社團參與對政治參與的影響隨時間而改變。	符合	在不同非正式制度與正式制度環境下，社團參與的作用會隨之改變。
2-13：縣市生活與急難救助給付對投票的影響隨時間而增強。	部分符合	社福政策制定增加人均社福資源量，資源量的增加也增強了對投票的影響力。

第六章
總結和建議

　　面對社會參與和政治參與率的逐漸下滑，一直是國內外學者所關注的現象。就台灣而言，自 2000 年政黨輪替，達到雙翻轉測驗所代表的民主鞏固時期時，國內社團參與數和多數選舉的投票率亦呈現下滑趨勢。在政治參與方面，學者多從個體資源論、政治態度論與橋接式社會資本論三種論點出發，欲發現何種因素影響著民眾的政治參與，以提出建議，進行改善。筆者則認為結合式社資、聯繫式社資、社團內資源異質性與制度變遷亦可能是影響因素之一，忽略了親友、權威代言者、社團內資源與制度的角色，便只能寄託個人自身因素的改變，以提升政治參與率。在理論上，本書一方面從過去文獻中較少提及的結合式社資與聯繫式社資著手，以完整了解各類型社會資本在民主鞏固時期前後的變化與對政治參與的作用。二方面，依 Bourdieu 論點，將社會資本視為一種資源，以檢視社團內資源異質性對政治參與的作用。三方面從制度變遷論著眼，以補充過去理論所不足，以非正式制度而言，深植於華人社會的儒家文化觀面臨了現代化的衝擊，有些傳統價值觀明顯改變，偏向具有現代性的價值觀；有的以家族為主的價值觀，雖未改變，但在現代社會裡，封閉性凝聚力已不再成為和外團體互動的阻礙。在正式制度上，民主鞏固時期後，諸多社福政策的訂定亦改變了既有社福資源的分配，這些非正式與正式制度的改變或許改變了既有的社會資本和政治參與情形。

　　筆者亦認為社會資本與政治參與的同時皆受到外在制度環境的左右，而非僅是個人因素所導致。因此，在分析架構上，將前一年度的制度評價、制度信任、人均生活扶助與人均急難救助資源視為自變項，結合式、橋接式與聯繫式社資做為中介變項，兩種政治參與活動，即投票與競選參與活動做為依變項，並控制其他相關變項，以了解制度變項對政治參與的直接影響與間接影響力，排除自變項對依變項虛假相關的疑慮。至於社團內資源異質性，由於其測量方式是假定社團可接觸資源是由社團成員所提供，不受外在制度所影響，故僅探討社團內資源異質性對政治參與的作用。

在方法上，外在制度環境是以縣市做為分析單位，而社會資本與政治參與則以個體為分析單位，為避免區位謬誤與個體謬誤的存在，將以多層次分析模型進行分析。此分析法除了可探究個體層次變項的作用，亦可分析縣市層次制度變項的影響力，避免縣市內民眾相似性過高，所造成個人層次自變項易達顯著性的高估效果。個人層次分析資料分別來自 1993 年與 2005 年 TSCS，縣市層次資料部分來自台灣地區社會意向調查，部分來自各縣市政府所提供的社福資訊，部分來自政大選舉研究中心資料庫。藉由兩年度的資料，可清楚觀察到不同時期的變項會對何種類型的社會資本與政治參與產生影響。

僅管分析時期的選制皆屬於複數選區單記非讓渡投票制，可排除選制的影響，而運用多層次分析模型與兩年度 TSCS 資料可達成上述研究目的。然而，本書研究仍有一些不足與限制的地方，對於未來的研究方向，文末將提出具體的研究建議。

第一節　研究發現

一、社會資本在不同年代的分布狀態

過去文獻指出在民主鞏固前後時期，儒家文化傳統價值觀逐漸轉變，如：婆媳關係、奉養父母等價值觀，但以家族為中心的傳統價值觀卻未改變（關秉寅與王永慈　2005）。因此，立基於此社會文化所產生

的結合式社資,在民主鞏固時期前後,未有明顯變化,但這仍可是採用主成分分析法所造成。在橋接式社資方面,本研究依凝聚力規範區分情感性與工具性社團參與,前者由三種類型社團所組成,後者由四種類型社團所組成。在 2005 年時,情感性社參比例顯著高於 1993 年,這並非因為參與同鄉或宗親會者的增加,而是參與宗教團體比例上的增加。在不同時期,工具性社參比例則無明顯變化,與既有文獻指出工具性社參逐漸下降的結果不同(熊瑞梅等　2010),原因在於本研究的工具性社團並未包含參與率下降明顯的政治性社團。在工具性社團中,職業團體與校友會參與比例隨時間而減少,康樂團體與社會團體參與比例則隨時間而增加。即使參與職業團體顯著降低,至 2005 年時,仍有 10% 以上,遠多於參與校友會、康樂團體與社會團體的比例,表示台灣民眾在社團參與經驗中,以參與職業團體為主。整體而言,在兩個年度中,工具性社參比例皆高於情感性社參比例,約在 22% 左右。由於欠缺 2005 年聯繫式社資資料,研究僅能探討 1993 年民眾與里鄰長互動情形。研究結果呈現和里長互動相較,民眾較常與鄰長互動,處於偶爾來往與經常來往的程度。

　　至於社團內異質性資源的分布,由兩年度的比較中可發現,不同社團的年齡異質性與性別異質性隨不同時期而有所變化,表示各類社團在年齡與性別的組成上並非固定。從性別異質性來看,在 1993 年,參與社團者成員多為男性,各類社團女性成員平均比例為 34%。在 2005 年,女性成員比例已增為 46%,意謂著由於女性參與社團者增加,且不均地分布在各類社團中,造成社團內性別異質性隨年代而不同。相對地,各類社團在成員的教育、收入與族群組成上反而較為穩定。以教育異質性而言,不論在 1993 年或是 2005 年,宗親、同鄉會成員間的教育程度差距最大,校友會成員間的教育程度差異最小,其參與者教育程度多在高中職以上,這一方面反映出特定社團內可接觸資源是不同的,低教育程度者加入宗親、同鄉會,雖有機會接觸較高教育程度者,但機會較少,成員間平均教育程度僅為國中教育程度,故可接觸的教育資源,將少於校友會。二方面呈現出即使是自願參與，特定社團仍吸引著相同社經背景者的加入，由校友會參與者的平均教育和收入程度不但較高，且成員間教育程度差距較小，便可得知。在民主鞏固時期，由於教育與收入的提升，使得社團成員間平均教育與收入程度隨之增加，因此，個人若參與社團，相較於民主鞏固時期前，可接觸的異質性資源是較高的。此外，在兩個年代中，參與社團者其可接觸社團內資源皆高於未參與社團者，除代表著加入社團者，本身社經背景較高，也暗指著加入社團，可接觸到更多的資源。

二、影響各類型社會資本產生的因素

在縣市層次影響因素上，運用多層次迴歸或邏輯迴歸的分析結果顯示，各類社會資本在各縣市間皆有顯著變異存在，意即各縣市間社會資本的分布是不同的，故運用多層次分析模式有其必要性。研究結果發現結合式社資多寡並不受外在制度環境所影響，左右個人與親友間互動的因素多來自個人特質，來自於儒家文化所產生的聯繫關係，較難受到國家制度的影響，或可說制度難改變既有的社會文化。個人的情感性社參則受縣市執政評價氛圍所影響，在 1993 年時，個人易受同一縣市滿意政府施政民眾的影響，透過集體意識的形塑，使得個人投入成員間凝聚力較高的社團中，部分支持了 Szreter(2002) 集體意識形塑說的論述。而且縣市層次執政評價也是解釋縣市間情感性社參變異的主因，其次才是縣市人均生活扶助資源。然而，至 2005 年，縣市執政評價氛圍對情感性社參影響力消失。在集體意識形塑說的論述中，執政評價對聯繫式社資的作用，則無法得到實證結果的支持。以制度信任來代表對行政體系的信任後，研究結果發現縣市制度信任氛圍愈高，愈提升個人與基層行政工作者的聯繫，即增加與里鄰長的互動。這說明了以整體機構滿意度做為測量的施政評價和制度信任仍有不同，當台灣民眾對中央政府各機構的評價並不相同時，縣府層次施政評價對聯繫式社資便不會產生影響。

在 1993 年，縣市生活扶助資源愈多，個人情感性社參可能性愈低，對個人工具性社參則無影響，這是因為接受此種選擇性社福資源者，較少參與社團，較常參與的活動為宗教活動。若低收入戶者不參與工具性社團，選擇性社福資源便不會透過污名性烙印機制對低收入戶受訪者產生影響，相反地，若低收入戶者多參與情感性社團，在社團內成員面對面接觸下，提高察覺低收入戶者存在的可能，而為了避免成員間的耳語，低收入戶受訪者因應策略便可能是一開始就不參與或是參與後選擇退出，而造成縣市選擇性社福資源與情感性社參間的負向關係，此研究結果支持資源取代說的論述，而非資源挹注的說法。至 2005 年，兩變項間的作用消失，較可能的解釋因素是由於民主鞏固時期民眾教育程度的顯著提升，減低了對貧窮者懶惰、不努力的刻板印象，減少了污名性烙印的可能，貧窮者受訪者亦因教育程度提高而轉化對於他人的看法，因而較願意參與情感性社團，這使得低收入戶者和一般民眾的參與行為無顯著差異存在。

在縣市急難救助資源方面，兩個年代的研究結果皆顯示縣市人均急難救助給付皆對個人的工具性社參有顯著影響，且是解釋縣市間工具性社參變異的重要因素。當縣市人均急難救助給付金額愈高時，個人參與工具性社團可能性較低。研究結果與一致性社福資源可增加社團參與的預期不符，意即未符合資源挹注的論述，資源取代說較適用於解釋縣市急難救助資源和工具性社參間關係。

在個人層次影響因素上，在兩個年代中，研究結果呈現年齡愈輕者，結合式社資愈多。愈參與情感性社團者，愈可能參與工具性社團，反之亦然，這反映出選擇效應的影響，具有一定特質者，愈同時參與其他類型社團活動，無關自身社經資源的多寡。由縣市或是個人層次影響因素上，可發現情感性與工具性社團參與為不同面向的橋接式社資，以此區分不僅有其理論文獻，亦受實證資料所支持。由教育與收入程度較高者，較傾向參與傾向工具性報酬的工具性社團，而非凝聚力較高的情感性社團，即可得知。

三、縣市層次制度變項、社會資本與政治參與間關係

　　以多層次模式所進行的分析，其研究結果部分符合理論所預期，證實縣市制度變項與社會資本對不同面向的政治參與有其獨立的影響力，投票與競選活動也在各縣市間呈現明顯的變異。在政治參與影響因素方面，1993 年分析結果顯示，縣市層次制度變項並未顯著影響個人的立委投票行為，個人層次中的聯繫式社資與個人年齡較能解釋縣市間投票的變異，聯繫式社資愈多和年齡愈長者，愈可能參與投票，兩變項的作用應分別透過侍從主義機制與慣性投票而產生。縣市一致性的社福資源反而較能解釋縣市間競選活動參與的差異，縣市的急難救助資源愈多，個人參與競選活動可能性愈高。這是因為相較於投票，競選活動所需投入的成本較高，有時還涉及與他人的合作，適當的資源有助於個人參與此類活動，因此，社團內資源異質性愈多者，也愈參與競選活動。此外，政黨認同、結合式社資與情感性社參亦是預測競選活動參與重要的因素，反映出參與此類政治活動者多有一定政黨傾向，並易受親友與特定社團成員所動員。

　　在 2005 年，影響投票的因素和 1993 年研究結果相較，有較大的差異，在競選活動影響因素方面，兩年代的影響因素相近。由於 2000 年以後，親民黨與台聯兩個政黨相繼出現，相較於 1992 年的立委選舉，2004 年選舉情形呈現政黨競逐多於黨內競逐的情形，這或許使得政黨認同對 2004 年立委選舉產生影響。在社團參與的作用上，結合團體規範論和人際網絡動員論的說法，團體規範可促使個人參與投票，但關鍵在於候選人必須是該團體所支持的候選人，候選人才有較高的動機來動員社團成員，當立委候選人欠缺代表該團體的候選人時，特定社團的動員作用便不大。由 2004 年慈善與宗教團體被提名為不分區代表比例較高，而在 2005 年時，情感性社參對投票的影響較 1993 年明顯，即可得

知。

　　以多層次中介效果分析步驟檢視縣市制度變項對政治參與的作用，分析結果證實縣市施政評價氛圍與社福資源對於投票與競選活動分別具有獨立且直接的影響。在制度變項可能透過社會資本影響政治參與的三條中介路徑，發現僅有一條路徑產生，且為部分中介效果。此路徑為2005年縣市急難救助資源可透過工具性社參進而影響競選活動參與，其他可能影響路徑則無法得到資料上的支持。此研究結果不僅說明了個人的社會資本受縣市層次制度所影響，也釐清了社會資本和政治參與間關係，並非為Portes(2000)所質疑的虛假相關，社會資本對兩類政治參與行為的影響達統計顯著性。這代表欲提升民主運作品質，提高民眾的政治參與行為，可從國家制度與個人社會資本的角度進行思考。

　　而歸納Bourdieu與Putnam觀點，將社會資本視為透過關係網絡，使公民追求共同目標的規範與資源，並從團體規範論做為出發，將橋接式社資區分為情感性與工具性社參兩類所進行的分析，研究結果雖發現兩類社團參與對政治參與影響力不如從技能學習論所進行的研究，但至少證實團體規範論有部分的解釋力，因為在其他條件相同下，兩類社團參與仍對政治參與有著直接的影響。

四、制度變遷、社會資本與政治參與間關係

　　上述研究結果除呈現出縣市層次制度變項的作用外，也反映出縣市層次制度評價對情感性社參的作用與縣市層次社福資源對投票行為的影響隨時期而有所不同。為探討社會資本作用是否因不同時期而改變與制度變遷對政治參與的作果，在合併兩年度資料後，分別以邏輯迴歸與多層次邏輯迴歸分析進行方式。邏輯迴歸分析結果顯示情感性社參對於兩類政治參與皆有跨時期影響力，工具性社參和時間的交互作用則對兩類政治參與無顯著影響。由於多層次邏輯迴歸分析中發現個人處在對中央政府施政評價較正面縣市中，愈投入情感性社團活動，且執政評價和時

間的交互作用則對情感性社參產生負向影響，意謂著縣市層次執政評價
對情感性社參的作用隨時期而減弱，證實了儒家文化現代化所帶來的影
響，這一方面部分解釋了在 1991-2005 年此 15 年期間，民眾對政府滿
意度從最高的 60% 逐年下降至 20% 時，情感性社參為何未顯著下降。
原因便在於在民主鞏固時期，在現代化影響下，民眾具有較多的現代性
價值觀，已改變過去重視集體、抑制個體發展的傳統價值觀，在個人態
度更為自由、自主下，使得個人的情感性社參已較少受到代表集體意識
的縣市執政評價氛圍所左右。二方面，研究結果反映出情感性社參對競
選活動作用的減弱，是因為縣市層次執政評價對情感性社參作用弱化所
致，意即在不同的非正式制度脈絡下，情感性社參的作用會發生改變。
雖然縣市層次施政評價的作用減弱，但對情感性社參仍有正向影響力，
代表中央政府仍應注意自身的施政效能，以提昇民眾對政府的滿意度，
進而增加民眾的社會資本。

在縣市層次社福資源對投票影響方面，分析結果顯示在所有縣市層
次變項中，僅人均生活扶助給付與時期間的交互作用對依變項有正向影
響力，且此交互作用是解釋 15 個縣市間投票行為變異的主因。當人均
生活扶助資源隨時間增加時，會增強了對個人投票行為的作用。縣市人
均急難救助與時期間的交互作用則對個人投票無顯著影響，由於人均急
難救助資源增加的幅度較人均生活扶助資源少，反映出社福資源的多寡
左右著投票行為。在人均生活扶助給付因社會福利政策綱領施行而增加
的情形下，研究結果反映出社福制度的變遷透過資源的分配而影響個人
的投票行為。

理論上，本書指出制度變遷論、政治態度論與社會資本論能部分解
釋台灣民眾的投票行為，制度變遷論、個體資源論、政治態度論與社會
資本論則較能說明個人在競選活動上的參與行為。歸納上述分析結果，
中央政府應注意自身的施政效能，以提昇民眾對政府的滿意度，此方式
可增強民眾的情感性社團參與。而透過社福資源的適度分配，則可增加
民眾的投票行為。

第二節　研究侷限與建議

一、不同選制下縣市社福資源對投票影響的分析

　　相較於一個時間點的橫斷面研究結果，本書運用兩個時間點的資料，研究結果更能證實制度變遷、社會資本與政治參與間關係，尤其是可了解制度變項跨時期的影響力。然而，仍有一些限制值得說明。一是結果概推性，本書所指的民主鞏固之前時期為 1990-2000 年，從 2000 年政黨輪替至今為民主鞏固時期。所分析的 1993 年與 2005 年資料，僅是民主鞏固前後時期的其中一個時間點，其研究結果僅反映出在相同的複數選區單記非讓渡投票制 (single nontransferable vote with Multi-Member-Distrct System, SNTV) 下影響政治參與的因素。由於既有文獻指出選制改變可能影響民眾的政治參與和效能感（隋杜卿 2002），而 2008 年以後選舉制度已改為單一選區兩票並立制 (Mixed-Member-Majoritarian System, MMM)，選民可投票數由一票增為二票，一票圈選候選人，一票選舉政黨，新選制或許改變了民眾的政治參與意願與行為。因此，研究結果難以推論至 2008 年以後的立委選舉上。

　　即使如此，也不代表在新選制下，縣市認知氛圍、縣市社福資源給付與社會資本對政治參與的影響力便消失，後續研究仍可針對這些議題進行探討，例如：分析 2015 年縣市生活扶助金額是否影響 2016 年立委選舉投票行為或其他政治參與行為，在新選制下，政治參與的相關研究更可加深對政治參與影響因素是否依不同選制而異的了解。此外，若以廣義來說，教育資源也是社福資源的一種，由於接受資源對象並未限定特定團體，故亦可被視為一致性的社福資源，究竟縣市人均教育資源是否有利於社會資本與政治參與的發展，亦值得後續研究來探討。

二、其他面向社會資本作用的檢視

　　自 1996 年後，不論是 TSCS、意向調查或是台灣選舉與民主化調

查資料皆以調查民眾社團參與情形為主，即聚焦在橋接式社會資本的影響上，並無個人與鄰里長互動的資料。在缺乏 2005 年聯繫式社會資本下，本書僅能發現民主鞏固時期前此類社會資本的作用，而無法說明聯繫式社會資本跨時期的影響力。而根據 1993 年研究資料，若排除聯繫式社會資本，研究數據並無太大變化，故 2005 年分析模型中未包含此類社會資本，對研究結果並無太大影響。然而，究竟在民主鞏固時期，聯繫式社資是否因外在制度改變，而漸失影響力，亦可成為後續研究發展議題。

此外，本書所探討的社會資本皆為強調行動面向的結構性社會資本，研究結果僅能發現制度變遷和結構面向社會資本間關係，並無法了解制度變遷對認知面向社會資本的影響。相較於國外研究多探討社福資源和認知面向社會資本間關係 (Koster and Bruggeman 2008; Oorschot and Arts 2005; Oorschot, Arts and Halman 2005; Rothstein 2001)，本書分析結果難以和國外研究發現進行有意義的比較。至於認知社會資本對政治參與間關係，相較於國外研究（Lee, 2010; Klesner, 2007; 2009），國內研究仍屬少數，僅林聰吉與楊湘齡（2008）分析社會信任對政治參與的影響。欲更全面了解社會資本的生成與影響，可朝認知面向進行探究。

三、貫時性研究設計的運用

本書以前一年度的縣市層次制度變項以預測個人層次社會資本和政治參與的變化，研究設計符合因果時序性，但即使分析兩個時間點的資料，仍無法排除社會資本與政治參與間關係是透過選擇效應 (the effect of self-selection) 產生的可能，這意謂著是某種個人特質促使個人同時積極地聯繫親友、參與社團和政治活動，社會資本並無作用。[1]

1　筆者欲進一步以工具變量與兩階段最小平方方法 (2SLS) 來探討社會資本和投票間是否有內生性關係，以聯繫式社資為例，研究者除了要找出與聯繫式社資此內生性

　　為排除選擇效應的影響，後續研究應透過貫時性資料，探討在早期參與社團和未參與社團者，之後投入政治活動的差異，若能區分出各類社團對後續參與政治活動的作用，並發現其解釋機制，對於理論的證偽與解決投票率下滑的實際問題，將有莫大助益。同樣地，本書以兩個時間點的橫斷面資料來分析制度變遷的效果，其結果若能透過三個以上時間點的貫時性資料加以證實，將有助於制度變遷論述的推展。

四、第二層分析單位的增加

　　本書是以 15 個縣市的資料來分析制度變遷的作用，雖然這些分析縣市的 15-64 歲人口占總人口約 85%，已包括大多數人口，但其分析結果仍無法推論至全台的所有縣市中，故後續研究可運用 TSCS 所蒐集的其他縣市資料，分析在其他縣市中制度變遷的影響力，並與本研究分析結果進行比較。而增加第二層分析單位亦有另一項優點，即可檢視跨層次交互作用，當第二層級組數大於 20 時，便可獲得足夠的檢定力（溫福星與邱皓政　2009a）。這代表後續研究的分析縣市若超過 20 個，縣市層次制度變項和社會資本間交互作用對政治參與的影響便可精確的得知，意即可進一步了解社會資本對政治參與的作用是否隨不同縣市制度而增強或減弱。

　　變項有高度相關，且與投票殘差共變無關的工具變量外，還可能容易因工具變項的加入造成變項間不顯著的結果 (Staiger and Stock 1997)。筆者嘗試從 1993 年台灣社會變遷調查資料中找尋和聯繫式社資有高度相關變項，以單因子變異數分析找尋 F 檢定值＞ 10 的變項，找出四個變項，分別為：配偶籍貫、候選人省籍、婚姻狀況與之前投票行為，前兩變項涉及限定條件，只有在已婚或是參與投票下，才可能回答該問題，由於遺失值過高，達 22% 以上，不適合做為工具變量。後兩者變項則不僅與聯繫社資有顯著相關，亦與投票有密切關聯（Pearson 值皆達 0.16 以上），由於難以排除與投票殘差共變無關的假設，故亦難視為適當的工具變項，加上本研究依變項為二分變項，更難在選取適當工具變項後，以 2SLS 進行校正。綜言之，未來研究應分析貫時性資料以排除變項間內生性問題。

Appendix

附錄一
民眾對中央政府施政評價與民眾社團參與率的變化（1990-2007 年）

年分	1990	1991	1992	1995	1997	1999
政府施政滿意度 [1]	49%	60%	60%			47%
情感性社團參與率 [2]	16%		13%	18%	11%	
工具性社團參與率	42%		43%	41%	40%	
年分	2000	2001	2002	2003	2005	2007
政府施政滿意度		38%	42%	41%	20%	
情感性社團參與率	17%		11%		14%	16%
工具性社團參與率	40%		27%		24%	33%

說明：1. 在意向調查資料中，施政滿意度測量為五分等第，在此將「很滿意」與「還算滿意」加總視為滿意度，表中空白處則代表無該年分數據。資料來自朱瑞玲與章英華（1990）、伊慶春（1991；1992）、傅仰止（2002）、傅仰止與伊慶春（1999；2001）、瞿海源（2003）、楊文山等（2005）。
　　2. 資料來自熊瑞梅等（2010）。

附錄二

台灣省、高雄市與台北市低收入戶分類規定與補助方式

地區	低收入戶	
	分類規定	補助方式
台灣省、福建省		
第一款	全家人口均無工作能力，無收益及恆產，非靠救助無法生活者。	家庭生活扶助金。
第二款	全家人口中有工作人口者未超過總人口數三分之一，其家庭總收入平均分配全家人口，每人每月未超過最低生活費三分之二者。	家庭生活扶助金加上 15 歲以下兒童生活扶助金。
第三款	家庭總收入平均分配全家人口，每人每月未超過最低生活費用者。	15 歲以下兒童生活扶助金。
高雄市		
第一類	同上第一款規定。	家庭生活扶助金。
第二類	同上第二款規定。	家庭生活扶助金加上 15 歲以下兒童生活扶助金。
第三類	同上第三款，並加入全家人口中有工作人口者未超過總人口數三分之一的規定。	家庭生活扶助金加上 15 歲以下兒童生活扶助金。
台北市		
第 0 類	全家均無收入者	家庭生活扶助金。
第 1 類	全戶平均每人每月總收入大於 0 元（消費性支出之 0%），小於等於消費性支出之 10%。	家庭生活扶助金。
第 2 類	全戶平均每人每月總收入大於消費性支出之 10%，小於等於消費性支出之 40%。	家庭生活扶助金加上 18 歲以下兒童生活扶助金。
第 3 類	全戶平均每人每月總收入大於消費性支出之 40%，小於等於消費性支出之 55%。	18 歲以下兒童生活扶助金。
第 4 類	全戶平均每人每月總收入大於消費性支出之 55%，小於等於消費性支出之 60%。	18 歲以下兒童生活扶助金。

資料來源：整理自薛承泰（2005）、行政院主計處（2007, 111）。

附錄三
分析模型中個體層次變項測量與處理方式

變項名稱	問卷內容	變項處理方式
投票行為	1993年問卷：請問在去年年底舉行的立法委員選舉您有沒有去投票？ 2005年問卷：去年立法委員選舉（民國93年）的時候，請問您有沒有去投票？	將回答有的受訪者視為參與投票，若回答沒有者為未參與。將不記得或不願意回答者，視為遺失值。
競選活動	1993年問卷：請問您在去年年底（民國81年12月19日）所舉行的立法委員選舉期間，有無參加選舉而舉辦的聚會或餐會？ 2005年問卷：在最近幾年的選舉中，您有沒有參加為候選人而舉辦的集會或餐會活動？	將回答有、多次或是曾有過者視為參與競選活動，回答無或從未有過者，視為未參與競選活動。
結合式社會資本	1993年問卷：請問在您所住的這一帶，經常往來的「親近朋友」有多少？請問在您所住的這一帶，經常往來的「親戚」有多少？ 2005年問卷：過去一年內，您和朋友有沒有常常聚會？過去一年內，您和您的親戚有沒有機會聚在一起？多久一次？	將兩題目進行主成分分析，以oblimin斜交轉軸萃取出一個特徵值大於1的因素，命名為結合式社會資本。
情感性社團參與	1993年問卷：請問你有無參加過地方上的社團活動？請問是什麼樣的社團？ 2005年問卷：目前您參加了那些團體？	將參與「宗親會」、「宗教團體（青年會、女青年會、寺廟信徒團體、慈濟功德會等）」與同鄉會其中一種團體者，歸類為情感性社團參與，皆未參與者編碼為0。
工具性社團參與	1993年問卷：請問你有無參加過地方上的社團活動？請問是什麼樣的社團？ 2005年問卷：目前您參加了那些團體？	將參與「職業團體（工會、農會、商會、漁會、水利會、自由職業工會與一般同業工會）」、「康樂團體」、「同學會、校友會」與「社會團體（獅子社、扶輪社、青商會、崇他社、老人會、學術團體與教育團體）」其中一種團體者，歸類為工具性社團參與。

變項名稱	問卷內容	變項處理方式
聯繫式社會資本	1993 年問卷：請問您跟里（村）長交往的情形怎樣？請問您跟鄰長交往的情形怎樣？	將兩題目進行主成分分析，以 oblimin 斜交轉軸萃取出一個特徵值大於 1 的因素，命名為聯繫式社會資本。
性別	性別：男性或女性？	轉換為虛擬變項，男性編碼為 1，女性編碼為 0。
年齡	請問您是民國什麼時候出生的？	將調查年分減去受訪者出生年分即為實際年齡。
教育程度	請問您的教育程度是什麼？	將「無」、「自修」、「小學肄業」與「小學畢業」編碼為 6；「國中」與「初職」編碼為 9；「高中」、「高職」與「士官學校」編碼為 12；「五專」、「二、三專」、「軍警校專修班」與「空中行專」編碼為 14；「空中大學」、「軍警官學校」、「技術學院、科大」、「大學」、「碩士」與「博士」編碼為 16，「其他」視為遺失值。
收入	您個人平均每個月月入多少元？	將 22 個回應選項重新歸類為「無收入」、「1 元至 2 萬」、「2 至 4 萬」、「4 至 6 萬」與「6 萬以上」五個類別，分別編碼為 0、1、3、5、7。拒答或未答者視為遺失值。
族群	1993 年問卷：請問您父親的籍貫？ 2005 年問卷：請問您父親是哪裡人？	將「閩南人」編碼為 1，「客家人」、「原住民」、「外省人」與「其他」編碼為 0。
政黨認同	1993 年問卷：我們社會上總是有人說自己是支持「國民黨的」，有人說他是支持「民進黨的」，請問您認為自己是支持國民黨的，民進黨的，或者都不是？您比較偏向國民黨還是偏向民進黨？或者都不偏？ 2005 年問卷：在國民黨、民進黨、親民黨、台聯，這四個政黨中，您認為您比較支持那個政黨？您比較偏向國民黨、偏向民進黨、偏向親民黨、還是偏台聯，或是都不偏？	將回答支持國民黨、偏國民黨、支持民進黨、偏民進黨、支持親民黨、偏親民黨、支持台聯或偏台聯者視為有政黨認同者，編碼為 1。無支持政黨或政黨偏向者編碼為 0。拒答者或不知道者則視為遺失值。

說明：社團內資源異質性分數非直接來自問卷，其計算較複雜，詳見第三章第五節分析變項。

附錄四
民主鞏固時期以前各縣市總體層次資料
（1992年）

縣市	執政評價	制度信任	生活給付 (In)	急難給付 (In)	大專以上人口比	農業人口比	選區規模
台北縣	3.56	0.07	3.13	3.82	0.14	0.04	16
桃園縣	3.46	0.00	3.13	3.91	0.12	0.16	7
新竹縣	3.74	0.06	3.13	3.81	0.10	0.37	2
苗栗縣	3.66	0.42	3.02	3.66	0.09	0.42	3
台中縣	3.46	0.00	3.15	3.85	0.09	0.25	7
彰化縣	3.37	-0.31	3.08	3.65	0.09	0.45	7
南投縣	3.28	-0.21	3.13	3.44	0.09	0.49	3
雲林縣	3.42	-0.17	2.92	3.63	0.08	0.52	4
嘉義縣	3.23	-0.16	3.13	3.33	0.07	0.46	3
台南縣	3.31	-0.19	3.13	3.56	0.10	0.35	5
高雄縣	3.39	0.06	3.13	3.74	0.09	0.26	6
屏東縣	3.38	-0.07	3.13	3.71	0.09	0.39	5
花蓮縣	3.46	0.00	3.08	3.44	0.09	0.30	2
基隆市	3.51	0.23	3.08	3.77	0.12	0.01	2
新竹市	3.54	0.17	3.13	3.68	0.15	0.08	2
台中市	3.42	0.12	3.30	3.84	0.19	0.04	4
台南市	3.13	-0.33	2.99	3.58	0.15	0.08	4
台北市	3.50	-0.01	3.46	3.55	0.25	0.01	18
高雄市	3.65	0.31	3.07	3.64	0.16	0.02	12

資料來源：作者統整自伊慶春（1992）；台灣省政府主計處（1992）；台北市政府主計處（1992）；高雄市政府統計處（1992）；政治大學選舉研究中心（2013）。

附錄五
民主鞏固時期各縣市總體層次資料（2004 年）

縣市	2003 年		2004 年				
	執政評價	制度信任	生活給付 (ln)	急難給付 (ln)	大專以上 人口比	農業 人口比	選區規模
台北縣	2.65	-0.08	3.37	3.74	0.29	0.03	28
桃園縣	2.59	-0.10	3.38	3.76	0.26	0.11	13
新竹縣	2.28	-0.25	3.42	3.96	0.26	0.30	3
苗栗縣	2.23	-0.20	3.36	3.59	0.20	0.35	4
台中縣	2.48	-0.15	3.30	4.15	0.23	0.19	11
彰化縣	2.83	0.01	3.33	3.77	0.20	0.38	10
嘉義縣	3.26	0.24	3.36	3.91	0.16	0.45	4
台南縣	3.13	0.25	3.45	3.78	0.21	0.30	8
高雄縣	2.93	0.21	3.42	3.76	0.21	0.18	9
屏東縣	2.89	0.16	3.38	3.64	0.20	0.30	6
宜蘭縣	3.10	0.44	3.34	3.56	0.20	0.30	3
花蓮縣	2.78	-0.14	3.32	3.67	0.21	0.20	2
基隆市	3.09	0.07	3.42	3.97	0.25	0.01	3
台中市	2.23	-0.36	3.36	3.72	0.41	0.03	8
嘉義市	2.36	-0.37	3.42	3.70	0.40	0.06	2
台北市	2.67	-0.05	3.73	3.73	0.50	0.01	20
高雄市	2.55	-0.09	3.55	3.59	0.35	0.02	11

資料來源：作者統整自瞿海源（2003）；內政部（2005a）；政治大學選舉研究中心（2013）。

附錄六
分析樣本特徵之描述摘要

變項	1993 年 (n=1,736)		2005 年 (n=1,560)		卡方檢定或 t 檢定值
	樣本數 (%)	平均數 (SD)	樣本數 (%)	平均數 (SD)	
投票行為					203.131*
投票	1,551(89.3)		1,083(69.4)		
未投票	185(10.7)		477(30.6)		
競選活動					49.195*
參與	126(7.3)		232(14.9)		
未參與	1,610(92.7)		1,328(85.1)		
結合式社會資本		-0.01(1.00)		0.02(0.99)	0.844
橋接式社會資本	482(27.7)		466(29.9)		1.808
情感性社團參與	188(10.8)		214(13.8)		6.432*
宗親、同鄉會	66(3.8)		67(4.3)		0.471
宗教團體	137(7.9)		159(10.2)		5.344*
工具性社團參與	398(22.9)		339(21.7)		0.662
職業團體	270(15.6)		157(10.1)		21.892*
康樂團體	28(1.6)		85(5.4)		36.553*
校友會	120(6.9)		56(3.6)		17.913*
社會團體	74(4.3)		106(6.8)		10.230*
聯繫式社會資本		-0.01(1.00)		-	-
里（村）長互動		1.23(1.07)		-	-
鄰長互動		1.60(1.18)		-	-
性別					0.409
男性	872(50.2)		801(51.3)		
女性	864(49.8)		759(48.7)		
年齡		37.41(11.55)		40.07(12.43)	6.343*
教育程度		10.14(3.46)		11.87(3.39)	14.441*
收入		2.26(1.94)		2.86(2.27)	8.081*
族群					0.925
閩南籍	1,280(73.7)		1,127(72.2)		
非閩南籍	456(26.3)		433(27.8)		
政黨認同					17.436*
有	1,041(60.0)		1,045(67.0)		
無	695(40.0)		515(33.0)		

說明：* 兩年度間變項變化的卡方檢定或 t 檢定值，p<.05；- 代表欠缺該年度數據。

附錄七

1993 年社會資本對政治參與影響之多層次邏輯迴歸分析結果

係數 (s.e.)　　　變項	投票		競選活動參與	
	模式 1	模式 2	模式 1	模式 2
固定效果				
縣市層次變項 (n=19)				
大專人口比	-1.04 (1.58)	-1.05 (1.46)	-1.24 (2.32)	-1.08 (2.45)
農業人口比	0.80 (0.58)	0.77 (0.59)	-0.59 (0.86)	-0.39 (0.76)
選區規模	0.04* (0.02)	0.04 (0.02)	-0.01 (0.02)	-0.01 (0.02)
個人層次變項 (n=1,736)				
截距 (r_{00})	2.29***(0.11)	2.29***(0.12)	-2.94***(0.19)	-2.91***(0.19)
性別 (女性 =0)				
男性	0.02 (0.14)	0.03 (0.14)	-0.01 (0.27)	-0.01 (0.23)
年齡	0.05***(0.01)	0.05***(0.01)	0.01 (0.01)	0.01 (0.01)
教育程度	-0.01 (0.03)	0.01 (0.03)	0.08* (0.04)	0.06 (0.04)
收入	-0.03 (0.03)	-0.03 (0.03)	0.10 (0.06)	0.09 (0.06)
族群 (非閩南人 =0)				
閩南人	-0.04 (0.20)	-0.02 (0.20)	0.06 (0.32)	-0.01 (0.32)
政黨認同 (無政黨認同 =0)				
有認同	0.12 (0.15)	0.12 (0.15)	0.49** (0.17)	0.51** (0.16)
結合式社資	0.11 (0.08)	0.11 (0.08)	0.29** (0.10)	0.27** (0.10)
情感性社參	-0.01 (0.32)		1.04***(0.26)	
工具性社參	0.02 (0.15)		0.29 (0.20)	
聯繫式社資	0.30***(0.07)	0.31***(0.08)	0.25 (0.17)	0.22 (0.16)
社團內資源異質性		-0.04 (0.08)		0.38***(0.08)
隨機效果				
截距 (τ_{00})	0.11	0.11	0.31	0.30
χ^2	24.12	23.92	31.01**	35.89**
隨機斜率				
結合式社資	0.01	0.01	0.01	0.02
情感性社參	0.67		0.34	
工具性社參	0.01		0.34	
聯繫式社資	0.02	0.02	0.22	0.22*
社團內資源異質性		0.01		0.05

說明：*** 表示 $p<.001$；** 表示 $p<.01$；* 表示 $p<.05$。

附錄八
2005 年社會資本對政治參與影響之多層次邏輯迴歸分析結果

係數 (s.e.)	投票		競選活動參與	
變項	模式 1	模式 2	模式 1	模式 2
固定效果				
縣市層次變項 (n=17)				
大專人口比	1.96* (0.72)	1.94* (0.74)	0.65 (1.69)	0.49 (1.71)
農業人口比	0.92 (0.73)	0.84 (0.75)	0.78 (1.70)	0.72 (1.78)
選區規模	0.01 (0.01)	0.01 (0.01)	-0.02 (0.02)	-0.02 (0.02)
個人層次變項 (n=1,560)				
截距 (r_{00})	1.11***(0.08)	1.10***(0.08)	-1.92***(0.18)	-1.92***(0.18)
性別 (女性 =0)				
男性	-0.30 (0.17)	-0.30 (0.18)	0.14 (0.17)	0.16 (0.17)
年齡	0.09***(0.01)	0.09***(0.01)	0.01 (0.01)	0.01 (0.01)
教育程度	0.04* (0.02)	0.04* (0.02)	-0.03 (0.02)	-0.03 (0.02)
收入	0.08 (0.04)	0.07 (0.04)	0.14***(0.04)	0.14***(0.04)
族群 (非閩南人 =0)				
閩南人	-0.06 (0.12)	-0.07 (0.12)	-0.44* (0.20)	-0.44* (0.20)
政黨認同 (無政黨認同 =0)				
有認同	0.98***(0.10)	0.96***(0.10)	0.99***(0.21)	0.98***(0.21)
結合式社資	0.08 (0.09)	0.06 (0.09)	0.38***(0.06)	0.37***(0.06)
情感性社參	0.61* (0.20)		-0.04 (0.28)	
工具性社參	-0.13 (0.17)		0.62** (0.20)	
社團內資源異質性		0.10* (0.04)		0.24* (0.10)
隨機效果				
截距 (τ_{00})	0.02	0.02	0.37	0.37
χ^2	11.95	11.84	42.20***	47.03***
隨機斜率				
結合式社資	0.08*	0.07*	0.02	0.01
情感性社參	0.18		0.44	
工具性社參	0.10		0.17	
社團內資源異質性		0.01		0.07*

說明：1. 表中數值為加權後的數值。
　　　2. *** 表示 $p<.001$；** 表示 $p<.01$；* 表示 $p<.05$。

參考文獻

一、中文部分

丁仁方，1999，〈統合化、半侍從結構、與台灣地方派系的轉型〉。《政治科學論叢》10: 59-82。

小笠原欣幸，2012，〈2012 年台灣總統選舉：投票結果分析〉。收錄於小笠原欣幸、佐藤幸人主編，《馬英九再選— 2012 年台湾総統選挙の結果とその影響》。日本：アジア経済研究所。頁 7-25。

王中天，2003，〈社會資本 (Social capital)：概念、源起及現況〉。《問題與研究》42(5): 139-163。

王金壽，2004，〈瓦解中的地方派系：以屏東為例〉。《台灣社會學》7: 177-207。

王金壽，2006，〈台灣的司法獨之改革與國民黨侍從主義的崩潰〉。《台灣政治學刊》11(1): 103-162。

方凱弘，2006，〈初探地方財政分權化及其在我國之政策意涵〉。《政策研究學報》6: 51-88。

王鼎銘，2011，〈參選人競選支出效果及其外部性：單記非讓渡投票制下之黨內競爭性分析〉。《人文及社會科學集刊》23(3): 341-370。

王嵩音，2006，〈網路使用與選舉參與之研究——以 2004 年立法委員選舉為例〉。《台灣民主季刊》3(4): 71-102。

王業立，2006，《比較選舉制度》。台北：五南。

王靖興、王德育，2007，〈台灣民眾的政治參與對其政治功效意識之影響：以 2004 年總統選舉為例〉。《台灣政治學刊》11(1): 69-107。

內政部，1995，《內部統計年報》。台北：內政部統計處。

內政部，1998，《全國社會福利會議特刊：跨世紀社會福利的新方向》。台北：內政部社區發展雜誌社。

內政部，2000，《中華民國內政統計月報》。台北：內政部。

內政部，2005a，《中華民國 93 年各縣市內政統計指標》。台北：內政部統計處。

內政部，2005b，《中華民國 93 年低收入戶生活狀況調查報告》。台北：內政部統計處。

內政部，2010，《中華民國內政統計月報》。台北：內政部。

王振寰，1996，《誰統治台灣？轉型中的國家機器與權力結構》。台北：巨流。

王躍生，1997，《新制度主義》。台北：揚智文化。

包正豪，2010，〈政黨政治甄補的影響因素：以 1992 到 2008 政黨不分區立委提名人選為範例〉。《選舉評論》9: 49-82。

台北市政府主計處，1992，《台北市統計要覽》。台北：台北市政府主計處。

台灣省政府主計處，1992，《中華民國台灣省各縣市重要統計指標：含本省與台北市、高雄市比較》。南投縣：台灣省政府主計處。

江明修、陳欽春，2004，《充實社會資本之研究》。台北：經建會。

行政院主計處，2007，《社會指標統計年報》。台北：行政院主計處。

行政院主計處，2013，〈國情統計通報（第 063 號）〉。取自：http://www.stat.gov.tw/public/Data/34917172071.pdf。

朱雲漢、吳重禮，2012，《2009 年至 2012 年「選舉與民主化調查」三年期研究規劃 (3/3)：民國一百零一年總統與立法委員選舉面訪案》。台北：行政院國家科學委員會。

朱瑞玲、章英華，1990，《台灣地區社會意向調查第一次定期調查報告》。台北：中央研究院中山人文社會科學研究所。

朱瑞玲、章英華，2001，〈華人社會的家庭倫理與家人互動：文化及社會的變遷效果〉。發表於「華人家庭動態資料庫學術研討會」，台北：中央研究院經濟研究所、國家科學委員會社會科學研究中心主辦，7 月 27-28 日。

伊慶春，1991，《台灣地區社會意向調查：八十年十月專題調查報告》。台北：中央研究院中山人文社會科學研究所。

伊慶春，1992，《台灣地區社會意向調查：八十一年二月定期調查》。台北：中央研究院中山人文社會科學研究所。

江豐富、劉克智，2005，〈台灣縣市失業率的長期追蹤研究：1987-2001〉。《人口學刊》31: 1-39。

李丁讚，2004，〈導論：市民社會與公共領域在台灣的發展〉。收錄於李丁讚主編，《公共領域在台灣》。台北：桂冠圖書公司。頁 1-62。

沈有忠，2005，〈制度制約下的行政與立法關係：以我國九七憲改後的憲政運作為例〉。《政治科學論叢》23: 27-60。

李永展，2014，〈風險社會 別賭不發生機率〉，《聯合報》，8 月 13 日，版 A14。

李仲彬、陳敦源、黃東益、蕭乃沂，2008，〈網路投票可以提昇投票率嗎？——以政治大學學生會網路投票為例〉。《台灣民主季刊》5(3): 1-32。

李酉潭，2006，〈民主鞏固或崩潰：臺灣與俄羅斯之觀察（1995-2005 年）〉。《問題與研究》45(6)：33-77。

李酉潭，2007，〈台灣民主化經驗與中國未來的民主化——以杭亭頓的理論架構分析之〉。《遠景基金會季刊》8(4): 1-47。

李柏榆，2006，〈選舉制度對政黨體系之影響：台灣總統、縣市長、立法委員、任務型國大選舉之實例比較〉。《政治科學論叢》27: 69-112。

李宗榮，2012，〈探索風險投資的社會機制：社會資本與股市、共同基金的參與〉。《人文及社會科學集刊》24(4): 439-467。

李俊達，2009，〈歐洲國家公民投票經驗之跨國比較：議題、時程與結果〉。《東吳政治學報》27(1): 53-121。

呂朝賢，1999，〈社會救助問題：政策目的、貧窮的定義與測量〉。《人文及社會科學集刊》11(2): 233-263。

宋學文，2008，〈層次分析對國際關係研究的重要性及模型建構〉。《問題與研究》47(4): 167-199。

吳乃德，2004，〈尋找民主公民：社團參與的理論與實際〉。收錄於李丁讚主編，《公共領域在台灣》。台北：桂冠圖書公司。頁 177-214。

吳介民、李丁讚，2008，〈生活在台灣：選舉民主及其不足〉。《思想》9: 33-68。

吳俊德、陳永福，2005，〈投票與不投票的抉擇—— 2004 年總統大選與公民投票的探索性研究〉。《台灣民主季刊》2(4): 67-98。

吳重禮、許文賓，2003，〈誰是政黨認同者與獨立選民？——以二〇〇一年台灣地區選民政黨認同的決定因素為例〉。《政治科學論叢》18:

101-140。

吳重禮、譚寅寅、李世宏，2003，〈賦權理論與選民投票行為：以 2001 年縣市長與第五屆立法委員選舉為例〉。《台灣政治學刊》7(1): 91-156。

吳重禮、鄭文智、崔曉倩，2006，〈交叉網絡與政治參與：2001 年縣市長與立法委員選舉的實證研究〉。《人文及社會科學集刊》18(4): 599-638。

吳統雄，1985，〈態度與行為之研究的信度與效度：理論、應用、反省〉。《民意學術專刊》，101: 29-53。

周育仁、劉嘉薇、黎家維，2012，〈2012 年總統立委合併選舉結果與影響之分析〉。收錄於蔡政文主編，《2012 年台灣展望》。台北：國家政策研究基金會。頁 157-188。

周陽山，1988，〈民主化、自由化與威權轉型──國際經驗的比較〉。《中山學術論叢》8: 79-93。

周新富，2006，〈Coleman 社會資本理論在台灣地區的驗證──家庭、社會資本與學業成就之關係〉。《當代教育研究》14(4): 1-28。

周碧娥，1981，〈美國鄉村地區的都市化：社會、經濟與規範的變遷，1950-1970〉，《美國研究》11(4): 31-55。

林玉春，2000，〈中央對地方政府補助制度之檢討改進情形〉。《主計月報》540: 49-55。

林永吉，2005，〈從政治參與觀點探討公民投票的之法建制〉。《通識研究集刊》8: 107-148。

林全，2000，〈政府財政與效率──落實地方財政制度〉。《新世紀智庫論壇》10: 58-59。

林佳龍，1999，〈解釋台灣的民主化：政體類型與精英的策略選擇〉。收錄於林佳龍、邱澤奇主編，《兩岸黨國體制與民主發展：哈佛大學東西方學者的對話》。台北：月旦出版社。頁 87-152。

林南，2007，〈社會資本理論與研究簡介〉。《社會科學論叢》1(1): 1-32。

林南、陳志柔、傅仰止，2011，〈社會關係的類型和效應：台灣、美國、中國大陸的三地比較〉。《台灣社會學刊》45: 117-162。

林勝偉、顧忠華，2004，〈「社會資本的理論定位與經驗意義：以戰後台灣社會變遷為例」〉。《國立政治大學社會學報》37: 113-166。

林萬億，2006，《台灣的社會福利：歷史經驗與制度分析》。台北：五南。

林聰吉、楊湘齡，2008，〈台灣社會資本的分布及其民主效果〉。《東吳政治學報》26(2): 39-81。

林聰吉、游清鑫，2009，〈政黨形象與台灣選民的投票行為：1996-2008 年總統選舉的實證分析〉。收錄於陳陸輝、游清鑫、黃紀主編，《2008 年總統選舉：論二次政黨輪替之關鍵選舉》。台北：五南。頁 177-208。

林瓊珠、蔡佳泓，2010，〈政黨信任、機構信任與民主滿意度〉。《政治與社會哲學評論》35: 147-194。

政治大學選舉研究中心，2013，〈歷屆公職人員選舉資料〉。取自 http://vote.nccu.edu.tw/cec/vote4a.asp。

紀俊臣，1994，《台北都會區建設體制與民眾參與》。台北：馬陵出版社。

胡藹若，2005，〈從資源動員理論的觀點論台灣婦女體制外的政治參與〉。《復興崗學報》83: 281-306。

徐火炎，1991，〈政黨認同與投票抉擇：台灣地區選民的政黨印象、偏好與黨派投票行為之分析〉。《人文及社會科學集刊》4(1): 1-57。

徐火炎，2005，〈認知動員、文化動員與台灣 2004 年總統大選的選民投票行為：選舉動員類型的初步探討〉。《台灣民主季刊》2(4): 31-66。

高雄市政府統計處，1992，《高雄市統計年報》。高雄：高雄市政府主計處。

袁頌西、李錫錕、郭秋永，1983，〈台灣地區政治參與研究〉。《中研院三研所叢刊》12: 5-46。

張世熒、許金土，2004，〈社會關係取向對選民投票行為之影響：2001 年金門縣長選舉個案研究〉。《中國行政評論》13(4): 143-175。

張世熒、樊中原，2010，〈我國實施移轉投票可行性分析〉。《中國行政評論》18(1): 41-68。

張佑宗，2006，〈選舉事件與選民的投票抉擇：以台灣 2004 年總統選舉為分析對象〉。《東吳政治學報》22: 121-159。

張佑宗、趙珮如，2006，〈社會脈絡、個人網絡與台灣 2004 年立法委員選舉選民的投票抉擇〉。《台灣民主季刊》3(2): 1-38。

盛杏湲、黃士豪，2006，〈台灣民眾為什麼討厭立法院？〉。《台灣民主季刊》3(3): 85-128。

盛治仁，2006，〈單一選區兩票制對未來台灣政黨政治發展之可能影響探討〉。《台灣民主季刊》3(2): 63-86。

盛治仁、白瑋華，2008，〈陳水扁總統首任施政評價影響因素探討〉。《東吳政治學報》26(1): 1-50。

郭秋永，1992，〈政治參與的意義：方法論上的分析〉。《人文及社會科學集刊》，5(1): 173-211。

郭秋永，2000，〈發展中國家的政治參與：S. Huntington 的參與理論〉。《人文及社會科學集刊》，12(3): 387-432。

張芳華，2011，〈鄰里層次社會資本與個人層次特質對嚼檳榔行為之多層次分析〉。《台灣公共衛生雜誌》30(5): 468-480。

章英華、杜素豪、廖培珊，2011，《台灣社會變遷調查計劃第六期第一次調查計劃執行報告》。台北：中央研究院社會學研究所。

章英華、傅仰止，2005，《台灣社會變遷調查計劃第四期第五次調查計劃執行報告》。台北：中央研究院社會學研究所。

章英華、傅仰止，2006，《台灣社會變遷調查計劃第五期第一次調查計劃執行報告》。台北：中央研究院社會學研究所。

崔曉倩、吳重禮，2011，〈年齡與選舉參與：2008 年總統選舉的實證分析〉。《調查研究》26: 7-44。

許繼峰，1999，〈我國工會組織參與政治過程之探討——以銀行員工會與勞動基準法擴大適用為例〉。《人文及社會科學集刊》11(3): 395-433。

黃光國，1995，〈儒家價值觀的現代轉化：理論分析與實徵研究〉。《本土心理學研究》3: 276-338。

黃光國，2001，〈儒家關係主義的理論建構及其方法論基礎〉。《教育與社會研究》2: 1-34。

傅仰止，2002，《社會意向電話調查：Si02A_2002 年 5 月》。台北：中央研究院社會學研究所。

傅仰止、伊慶春，1999，《社會意向電話調查：八十八年二月至六月》。台北：中央研究院社會學研究所。

傅仰止、伊慶春，2001，《社會意向電話調查執行報告：九十年度》。台北：中央研究院社會學研究所。

隋杜卿，2002，〈立委選制改革對政治運作的影響——以單一選區兩票制為例〉。收錄於陳健民、周育仁主編，《國會改革與憲政發展》。台北：國家政策研究基金會。頁 143-192。

傅恆德，2003，《政治文化與政治參與》。台北：韋伯文化。

彭芸，2001，〈兩千年總統大選的媒介使用、選舉參與與投票對象〉。《選舉研究》7(1): 21-52。

黃秀端，1995，〈一九九四年省市長選舉選民參與競選活動之分析〉。《選舉研究》2(1): 51-76。

黃信豪，2005，〈多層模型於選民投票行為研究的應用：以2004年總統選舉為例〉。《東吳政治學報》21: 161-201。

黃信豪，2007，〈量化研究的比較問題邏輯：因果異質性與縣市長選舉投票模型的建立〉。《問題與研究》46(3): 125-154。

黃厚銘、林意仁，2013，〈流動的群聚 (mob-ility)：網路起鬨的社會心理基礎〉。《新聞學研究》115: 1-50。

張清富，2009，〈從理論觀點談工作與貧窮〉。《社區發展季刊》124: 58-72。

楊文山，2009，〈台灣地區家戶組成變遷與家人關係〉。《人文與社會科學簡訊》10(2): 20-27。

楊文山、瞿海源、伊慶春、傅仰止、李宗榮，2005，《2005 第二次社會意向調查》。台北：中央研究院社會學研究所。

詹火生、李安妮、戴肇洋，2004，《社會福利城鄉差距與對策之研究》。台北：內政部社會司。

楊孟麗，2003，〈投票意願與經濟不景氣：台灣的情形〉。《選舉研究》10(2): 159-191。

楊國樞，1992，〈傳統價值觀與現代價值觀能否同時並存〉。收錄於楊國樞主編，《中國人的價值觀──社會科學觀點》。台北：桂冠。頁65-119。

溫福星、邱皓政，2009a，〈多層次模型方法論：階層線性模式的關鍵議題與試解〉。《台大管理論叢》19(2): 263-292。

溫福星、邱皓政，2009b，〈組織研究中的多層次調節式中介效果：以組織創新氣氛、組織承諾與工作滿意的實證研究為例〉。《管理學報》26(2): 189-211。

廖坤榮，2004，〈台灣農會的社會資本形成與政策績效〉。《政治科學論叢》22: 181-220。

熊瑞梅、張峰彬、林亞鋒，2008，〈社會資本與市民參與〉。發表於「台灣社會學年會」，台北：中央研究院社會學研究所主辦，12月13-14日。

熊瑞梅、張峰彬、林亞鋒，2010，〈解嚴後民眾社團參與的變遷：時期與世代的效應與意涵〉。《台灣社會學刊》44: 55-105。

劉子鍵、陳正昌，2003，〈階層線性模式〉。收錄於陳正昌、程炳林、陳新豐、劉子鍵主編，《多變量分析方法──統計軟體應用》。台北：五南。頁 423-452。

陳介玄，1997，〈派系網路、椿腳網路及俗民網路：論台灣地方派系成之社會意義〉。收錄於東海大學東亞社會經濟研究中心主編，《地方社會》。台北：聯經出版公司。頁 31-67。

陳明通，1995，《派系政治與台灣政治變遷》。台北：月旦出版社。

陳明通、朱雲漢，1992，〈區域性聯合獨佔、地方派系與省議員選舉：一項省議員候選人背景資料的分析〉。《國家科學委員會研究彙刊：人文及社會科學》，2(1): 77-97。

陳俊瑋，2010，〈國中教師集體效能感、教師自我效能感及教師組織公民行為關聯之研究：多層次中介效果之分析〉。《當代教育研究》18(2): 29-69。

陳陸輝，2006，〈政治信任的政治後果──以 2004 年立法委員選舉為例〉。《台灣民主季刊》3(2): 39-62。

陳陸輝、陳映男，2012，〈寧信地方，不信中央：政治信任的類型及其政治後果〉。《社會科學論叢》6(1): 15-58。

陳運財、王業立，2002，《競選活動規制之研究》。台北：中央選舉委員會。

陳錦煌、翁文蒂，2003，〈以社區總體營造推動終身學習、建構公民社會〉。《國家政策季刊》2(3): 63-90。

魯永明，2012，〈立委選戰　兒子抱、親友挺〉，《聯合報》，1 月 5 日，版 B2。

潘立明，1992，〈基隆里長家查獲選舉人名冊〉，《中國時報》，12 月 19 日，版 6。

鄭夙芬，2014，〈候選人因素與投票抉擇──以 2012 年台灣總統選舉為例〉。《台灣民主季刊》11(1): 103-151。

蔡佳泓，2001，〈解析台灣選民的投票參與〉。《選舉研究》8(2): 125-154。

蔡明砡，2005，〈我國社會立法發展歷程〉。《社會發展季刊》109: 66-83。

蔡奇霖，2010，〈別訪問我！我對政治沒興趣：主題效應與 TEDS 高估投票率之研究〉。《選舉研究》17(2): 135-175。

鄧哲偉，2004，〈九十四年度中央政府總預算評析報告〉。財團法人國家政策研究基金會，取自 http://old.npf.org.tw/PUBLICATION/FM/093/FM-R-093-012.htm。

劉義周，2005，〈典型的回顧型投票—— 2005 年三合一選舉結果的解析〉。《台灣民主季刊》2(4): 147-153。

鮑建信、蔡清華、洪定宏、徐白櫻，2004，〈鍾紹和妻舅、助理　涉賄送辦〉，《自由時報》，11 月 24 日，版 A1。

瞿海源，1993，《台灣社會變遷調查計劃第二期第四次調查計劃執行報告》。台北：中央研究院民族學研究所。

瞿海源，1995，《台灣社會變遷調查計劃第三期第一次調查計劃執行報告》。台北：中央研究院民族學研究所。

瞿海源，2003，《2003 年第二次社會意向調查》。台北：中央研究院社會學研究所。

謝俊義，2010，《多層次線性分析——理論、方法與實務》。台北：鼎茂圖書。

蕭全政，2004，〈經濟發展與台灣的政治民主化〉。《台灣民主季刊》1(1): 1-25。

薛光輝，1992，〈桃縣議員吳建德涉入賄選案　被留置偵訊〉，《中國時報》，12 月 19 日，版 6。

薛承泰，2005，〈台灣的低收入戶與脫貧政策〉。財團法人國家政策研究基金會，取自 http://old.npf.org.tw/PUBLICATION/SS/094/SS-R-094-005.htm。

薛承泰、方姿云，2005，〈社會救助法第四條的影響與修正建議〉。《社區發展季刊》108: 164-184。

薛承泰、杜慈容，2006，〈家庭變遷與社會救助政策——以台北市為例〉。《社區發展季刊》114: 139-146。

蕭怡靖，2008，《單一選區兩票制下台灣選民之投票行為：2008 年立法委員選舉的多層分析》。台北：國立政治大學政治學研究所博士論文。

蕭怡靖、蔡佳泓，2010，〈政治責任與投票—— 2009 年苗栗縣第一選區立法委員補選之探析〉。《台灣民主季刊》7(2): 1-32。

蕭怡靖、黃紀，2010，〈單一選區兩票制下的一致與分裂投票—— 2008 年立法委員選舉的探討〉。《台灣民主季刊》7(3): 1-43。

蕭怡靖、黃紀，2011，〈施政表現在不同層級地方選舉中的影響：2009年雲林縣縣長及鄉鎮市長選舉之分析〉。《選舉研究》18(2): 59-86。

關秉寅、王永慈，2005，〈寧靜革命：台灣社會價值觀的變化〉。收錄於王振寰、章英華主編，《凝聚台灣生命力》。台北：巨流。頁65-99。

蘇麗瓊、胡彩惠，2005，〈內政部社會福利政策與組織變革〉。《社區發展季刊》109: 212-226。

二、英文部分

Abrams, Samuel, Torben Iversen, and David Soskice, 2011, "Informal Social Networks and Rational Voting." *British Journal of Political Science* 41(2): 229-257.

Alesina, Alberto, and Paola Giuliano, 2011, "Family Ties and Political Participation." *Journal of the European Economic Association* 9(5): 817-839.

Arrow, Kenneth J., 2000, "Observations on Social Capital." In *Social Capital: A Multifaceted Perspective*, eds. Partha Dasgupta and Ismail Serageldin. Washington, D.C.: World Bank, pp. 3-5.

Ayala, Louis J., 2000, "Trained for Democracy: The Differing Effects of Voluntary and Involuntary Organizations on Political Participation." *Political Research Quarterly* 53(1): 99-115.

Baron, Reuben M., and David A. Kenny, 1986. "The Moderator-Mediator Variable Distinction in Social Psychological Research: Conceptual, Strategic, and Statistical Consideration." *Journal of Personality and Social Psychology* 51(6):1173-1182.

Belanger, Eric, and Richard Nadeau, 2005, "Political Trust and the Vote in Multiparty Elections: The Canadian Case." *European Journal of Political Research* 44: 121-146.

Berry, Christopher R., and William G. Howell, 2007, "Accountability and Local Elections: Rethinking Retrospective Voting." *The Journal of Politics* 69(3): 844-858.

Bezanson, Kate, 2006, "Gender and the Limits of Social Capital." *Canadian*

Review of Sociology/Revue canadienne de sociologie 43(4): 427-443.

Boix, Carles, and Daniel Posner, 1998, "Social Capital: Explaining Its Origins and Effects on Government Performance." *British Journal of Political Science* 28 (4): 686-693.

Booth, John A., and Mitchell A. Seligson, 1978, "Images of Political Participation in Latin America." In *Political Participation in Latin America: Citizen and State*, eds. John A. Booth and Mitchell A. Seligson. New York: Holmes and Meier, pp. 3-33.

Bourdieu, Pierre, 1986, "The Forms of Capital." In *Handbook of Theory and Research for the Sociology of Education*, ed. Jhon G. Richardson. New York: Greenwood, pp. 241-258.

Brady, Henry E., Sidney Verba, and Kay Lehman Schlozman, 1995, "Beyond SES: A Resource Model of Political Participation." *The American Political Science Review* 89(2): 271-294.

Campbell, Angus, Philip E. Converse, Warren E. Miller, and Donald E. Stokes, 1960, *The American Voter*. New York: John Wiley and Sons.

Christoforou, Asimina, 2011, "Social Capital across European Countries: Individual and Aggregate Determinants of Group Membership." *American Journal of Economics and Sociology* 70(3): 699-728.

Chuang Ying-chih, and Kun-yang Chuang, 2008, "Gender Differences in Relationships between Social Capital and Individual Smoking and Drinking Behavior in Taiwan." *Social Science & Medicine* 67(8):1321-1330.

Coleman, James S., 1988, "Social Capital in the Creation of Human Capital." *The American Journal of Sociology* (Supplement) 94, s95-s120.

Dahl, Robert A., 1989, *Democracy and It's Critics*. New Haven: Yale University Press.

Dahl, Espen, and Ira Malmberg-Heimonen, 2010, "Social Inequality and Health: The Role of Social Capital. "*Sociology of Health & Illness* 32(7): 1102-1119.

De Silva, Mary J., Sharon R. Huttly, Trudy Harpham, and Michael G. Kenward, 2007, "Social Capital and Mental Health: A Comparative Analysis of Four

Low Income Countries." *Social Science & Medicine* 64(1): 5-20.

Freire, Andre, Rodrigo Martins, Manuel Meirinho, 2012, "Electoral Rules, Political Competition and Citizens' Participation in the Portuguese Local Elections, 1979-2009." *Portuguese Journal of Social Science* 11(2): 189-208.

Freitag, Markus, 2003, "Beyond Tocqueville: The Origins of Social Capital in Switzerland." *European Sociological Review* 19(2): 217-232.

Fukuyama, Francis, 2001, "Social Capital, Civil Society and Development." *Third World Quarterly* 22(1): 7-20.

Fung, Archon, 2003, "Associations and Democracy: Between Theories, Hopes, and Realities." *Annual Review of Sociology* 29: 515-539.

Gelissen, John P. T. M., Wim J. H. van Oorschot, and Ellen Finsveen, 2012, "How Does the Welfare State Influence Individuals' Social Capital?" *European Societies* 14(3): 416-440.

Guillen, Laura, Lluis Coromina, and Willem E. Saris, 2011, "Measurement of Social Participation and its Place in Social Capital Theory." *Social Indicators Research* 100: 331-350.

Hall, Peter A., and Rosemary C. R. Taylor, 1996, "Political Science and the Three New Institutionalism," *Political Study* 44(4): 936-957.

Harder, Joshua, and Jon A. Krosnick, 2008, "Why Do People Vote? A Psychological Analysis of the Causes of Voter Turnout." *Journal of Social Issues* 64(3): 525-549.

Harpham, Trudy, Emma Grant, and Carlos Rodriguez, 2004, "Mental Health and Social Capital in Cali, Colombia." *Social Science & Medicine* 58: 2267-2277.

He, Kai, and Huiyun Feng, 2008, "A Path to Democracy: In Search of China's Democratization Model." *Asian Perspective* 32(3): 139-169.

Hetherington, Marc J., 1999, "The Effect of Political Trust on the Presidential Vote, 1968-96." *The American Political Science Review* 93(2): 311-326.

Hodgson, Geoffrey M., 1996, "What Are Institutions?" *Journal of Economic Issues* 1: 1-25.

Huang Kai P., and Karen Y. Wang, 2011, "How Guanxi Relates to Social

Capital? A Psychological Perspective." *Journal of Social Sciences* 7(2): 120-126.

Ingen, Erik van, and Tom van der Meer, 2011, "Welfare State Expenditure and Inequalities in Voluntary Association Participation." *Journal of European Social Policy* 21(4): 302-322.

Ikeda, Ken'ichi, and Sean E. Richey, 2005, "Japanese Network Capital: The Impact of Social Networks on Japanese Political Participation." *Political Behavior* 27(3): 239-260.

Jicha, Karl A., Gretchen H. Thompson, Gregory M. Fulkerson, and Jonathan E. May, 2011, "Individual Participation in Collective Action in the Context of a Caribbean Island State: Testing the Effects of Multiple Dimensions of Social Capital." *Rural Sociology* 76(2): 229-256.

Johnston, Ron, Kelvyn Jones, Carol Propper, and Simon Burgess, 2007, "Region, Local Context, and Voting at the 1997 General Election in England." *American Journal of Political Science* 51(3): 640-654.

Jottier, Dimi, and Bruno Heyndels, 2012, "Does Social Capital Increase Political Accountability? An Empirical Test for Flemish Municipalities." *Public Choice* 150: 731-744.

Kääriäinen, Juha, and Heikki Lehtonen, 2006, "The Variety of Social Capital in Welfare State Regimes – A Comparative Study of 21 Countries." *European Societies* 8(1): 27-57.

Kerrissey, Jasmine, and Evan Schofer, 2013, "Unions Membership and Political Participation in the United States." *Social Forces* 91(3): 895-928.

Kiewiet, Roderick, and Douglas Rivers, 1984, "A Retrospective on Retrospective Voting." *Political Behavior* 6(4): 369-393.

Koster, Ferry, and Jeroen Bruggeman, 2008, "The Institutional Embeddedness of Social Capital: A Multi-Level Investigation across 24 European Countries." *Policy & Politics* 36(3): 397-412.

Klesner, Joseph L., 2007, "Social Capital and Political Participation in Latin America Evidence from Argentina, Chile, Mexico, and Peru." *Latin American Research Review* 42(2): 1-32.

Klesner, Joseph L., 2009, "Who Participates? Determinants of Political Action in Mexico." *Latin American Politics and Society* 51(2): 59-90.

Krishna, Anirudh, 2007, "How Does Social Capital Grow? A Seven-Year Study of Villages in India." *The Journal of Politics* 69(4): 941-956.

Kumlin, Staffan, and Bo Rothstein, 2005, "Making and Breaking Social Capital: The Impact of Welfare State Institutions." *Comparative Political Studies* 38(4): 339-365.

Larsen, Christian A., 2007, "How Welfare Regimes Generate and Erode Social Capital: The Impact of Underclass Phenomena." *Comparative Politics* 40(1): 83-101.

Lau, Richard R., David J. Andersen, and David P. Redlawsk, 2008, "An Exploration of Correct Voting in Recent U.S. Presidential Elections." *American Journal of Political Science* 52(2): 395-411.

Lee, Aie R., 2010, "The Quality of Social Capital and Political Participation in South Korea." *Journal of East Asian Studies* 10: 483-505.

Lee, Jaechul, 2008, "Path Toward Democracy in South Korea: Social Capital and Democracy Embedded in the Citizens." *Asian Survey* 48(4): 580-602.

Lister, Michael, 2007, "Institutions, Inequality and Social Norms: Explaining Variations in Participation." *British Journal of Politics & International Relations* 9(1): 20-35.

Lorenzini, Jasmine, and Marco Giugni, 2012, "Employment Status, Social Capital, and Political Participation: A Comparison of Unemployed and Employed Youth in Geneva." *Swiss Political Science Review* 18(3): 332-351.

Malhotra, Neil, and Jon A. Krosnick, 2007, "Retrospective and Prospective Performance Assessments during the 2004 Election Campaign: Tests of Mediation and News Media Priming." *Political Behavior* 29(2): 249-278.

Marschall, Melissa J., and Dietlind Stolle, 2004, "Race and the City: Neighborhood Context and the Development of Generalized Trust." *Political Behavior* 26(2): 125-153.

Marsden, Peter V., 2005, "The Sociology of James S. Coleman." *Annual Review of Sociology* 31: 1-24.

Mathieu, Jhon E., and Scott R. Taylor, 2007, "A Framework for Testing

Mesomediational Relationships in Organizational Behavior." *Journal of Organization Behavior* 28: 141-172.

McClurg, Scott D., 2003, "Social Networks and Political Participation: The Role of Social Interaction in Explaining Political Participation." *Political Research Quarterly* 56(4): 449-464.

McFarland, Daniel A., and Reuben J. Thomas, 2006, "Bowling Young: How Youth Voluntary Associations Influence Adult Political Participation." *American Sociological Review* 71: 401-425.

Meer, Tom V. D., and Erik V. Ingen, 2009, "Schools of Democracy? Disentangling the Relationship between Civic Participation and Political Action in 17 European Countries." *European Journal of Political Research* 48: 281-308.

Mierina, Inta, 2011, *Political Participation and Development of Political Attitudes in Post-Communist Countries*. Ph. D. Dissertation, Latvia University.

Mishler, William, and Richard Rose, 2005, "What are the Political Consequences of Trust? A Test of Cultural and Institutional Thories in Rusia." *Comparative Political Studies* 38(9): 1050-1078.

Muir, Jenny, 2011, "Bridging and Linking in a Divided Society: A Social Capital Case Study from Northern Ireland." *Urban Studies* 48(5): 959-976.

North, Douglass C., 1990, *Institutions, Institutional Change, and Economic Performance*. Cambridge: Cambridge University Press.

O'Brien, David J., 2011, "Formal Institutional Solutions to the Development of Social Capital." *International Social Science Journal* 62: 217-228.

Onis, Ziya. 1991. "Review: The Logic of the Developmental State." *Comparative Politics* 24(1): 109-126.

Oorschot, Wim V., and Wil Arts, 2005, "The Social Capital of European Welfare States: The Crowding out Hypothesis Revisited." *Journal of European Social Policy* 15(1): 5-26.

Oorschot, Wim V., Wil Arts, and Loek Halman, 2005, "Welfare State Effects on Social Capital and Informal Solidarity in the European Union: Evidence from the 1999/2000 European Values Study." *Policy & Politics*

33(1): 33-54.

Oorschot, Wim V., and Ellen Finsveen, 2009, "The Welfare State and Social Capital Inequality." *European Societies* 11(2): 189-210.

Pacek, Alexander C., and Benjamin Radcliff, 1995, "Economic Voting and the Welfare State: A Cross-National Analysis." *Journal of Politics* 57: 44-61.

Patulny, Roger, 2004, *Social Capital and Welfare: Dependency or Division? Examining Bridging Trends by Welfare Regime, 1981 to 2000*. Sydney: Social Policy Research Centre.

Paxton, Pamela, 2002, "Social Capital and Democracy: An Interdependent Relationship." *American Sociological Review* 67(2): 254-277.

Plutzer, Eric, 2002, "Becoming a Habitual Voter: Inertia, Resources, and Growth in Young Adulthood." *American Political Science Review* 96(1): 41-56.

Poder, Thomas G., 2011, "What is Really Social Capital? A Critical Review." *The American Sociologist* 42(4): 341-367.

Poortinga, Wouter, 2012, "Community Resilience and Health: The Role of Bonding, Bridging, and Linking Aspects of Social Capital." *Health & Place* 18: 286-295.

Portes, Alejandro, 1998, "Social Capital: Its Origins and Applications in Modern Sociology." *Annual Review of Sociology* 24: 1-24.

Portes, Alejandro, 2000, "The Two Meanings of Social Capital." *Sociological Forum* 15(1):1-12.

Portes, Alejandro, 2006, "Institutions and Development: A Conceptual Reanalysis." *Population and Development Review* 32(2): 233-262.

Putnam, Robert D., 1993, *Making Democracy Work: Civic Traditions in Modern Italy*. New Jersey: Princeton University Press.

Putnam, Robert D., 1995, "Bowling Alone: America's Declining Social Capital." *Journal of Democracy* 6(1): 65-78.

Radcliff, Benjamin, 1992, "The Welfare State, Turnout, and the Economy: A Comparative Analysis." *The American Political Science Review* 86(2): 444-454.

Raudenbush, Stephen W., and Anthony S. Bryk, 2002, *Hierarchical Linear*

Models: Applications and Data Analysis Methods. London: Sage.

Roberts, John M., 2004, "What's 'Social' about 'Social Capital'?" *The British Journal of Politics & International Relations* 6(4): 471-493.

Rostila, Mikael, 2011, "The Facets of Social Capital." *Journal for Theory of Social Behaviour* 41(3): 308-326.

Rothstein, Bo, 2000, "Trust, Social Dilemmas and Collective Memories." *Journal of Theoretical Politics* 12: 477-501.

Rothstein, Bo, 2001, "Social Capital in the Social Democratic Welfare State." *Politics & Society* 29(2): 207-241.

Rothstein, Bo, and Dietlind Stolle, 2008, "The State and Social Capital: An Institutional Theory of Generalized Trust." *Comparative Politics* 40(4): 441-459.

Scott, Jhon, 2000, "Rational Choice Theory." In *Understanding Contemporary Society: Theories of The Present*, eds. Gary Browning, Abigail Halcli, and Frank Webster. London: Sage, pp.126-138.

Skidmore, Paul, Kirsten B., and Hannah Lownsbrough, 2006, *Community Participation: Who Benefits?* York: Joseph Rowntree Foundation.

Son, Joonmo, and Nan Lin, 2008, "Social Capital and Civic Action: A network-based Approach." *Social Science Research* 37: 330-349.

Spicker, Paul, 1984, *Stigma and Social Welfare.* London: Croom Helm.

Staiger, Douglas, and James H. Stock, 1997, "Instrumental Variables Regression with Weak Instruments." *Econometrica* 65(3): 557-586.

Steinhardt, Christoph H., 2012," How is High Trust in China Possible? Comparing the Origins of Generalized Trust in Three Chinese Societies." *Political Studies* 60: 434-454.

Stockemer, Daniel, 2012, "District Magnitude and Electoral Turnout: A Macro-Level Global Analysis." Presented for the Effects of District Magnitude Conference. Lisbon: Institute of Social Sciences, May 29-30, p.18.

Swartz, Teresa Toguchi, Amy Blackstone, Christopher Uggen, and Heather McLaughlin, 2009, "Welfare and Citizenship: The Effects of Government Assistance on Young Adults'Civic Participation." *The Sociological Quarterly* 50: 633-665.

Szreter, Simon, 2002, "The State of Social Capital: Bringing Back in Power, Politics, and History." *Theory and Society* 31: 573-621.

Szreter, Simon, and Michael Woolcock, 2004, "Health by Association? Social Capital, Social Theory, and the Political Economy of Public Health." *International Journal of Epidemiology* 33(4): 650-667.

Thomson, Irene Taviss, 2005, "The Theory That Won't Die: From Mass Society to the Decline of Social Capital." *Sociological Forum* 20(3): 421-448.

Urwin, Peter, Giorgio Di Pietro, Patrick Sturgis, and Gregor Jack, 2008, "Measuring the Returns to Networking and the Accumulation of Social Capital." *American Journal of Economics and Sociology* 67(5): 941-968.

Valdivieso, Patricio, 2012, "Policies for Participation, Life in Association and Confidence, Implications in the Case of Chile." *Bulletin of Latin American Research* 31(3): 336-351.

Verba, Sidney, and Norman H. Nie, 1972, *Participation in America: Political democracy and social equality*. New York: Harper & Row.

Wallace, Claire, and Florian Pichler, 2007, "Bridging and Bonding Social Capital: Which is More Prevalent in Europe?" *European Journal of Social Security* 9: 29-54.

Wang, Chin S., and Charles Kurzman, 2007, "Dilemmas of Electoral Clientelism: Taiwan, 1993." *International Political Science Review* 28(2): 225-245.

Weiner, Myron, 1971, "Political Participation: Crisis of the Political Process." In *Crisis and Sequences in Political Development*, eds. Leonard Binder and Joseph La Palombara. Princeton: Princeton University Press, pp.159-204.

Woolcock, Michael, 1998, "Social Capital and Economic Development: Toward a Theoretical Synthesis and Policy Framework." *Theory and Society* 27(2): 151-208.

Wright, Matthew, 2014, "Economic Inequality and the Social Capital Gap in the United States across Time and Space." *Political Studies*. Advance online publication. doi: 10.1111/1467-9248.12113.